INONDATION DE 1840

SUR

LE LITTORAL DE LA SAONE

ET DU RHONE,

DOCUMENS HISTORIQUÉS

recueillis

PAR LE DOCTEUR **P.-C. ORDINAIRE;**

SUIVIS

D'une Notice sur les anciennes inondations de Lyon, par Léon Boitel ; — d'une *Pièce de Poésie*, par M. F. Bouchard ;

ET DE

la Carte *de tous les pays inondés*,

Dressée par A. PELLIAT.

———◆———

Unda ! unda ! unda ! unda ! unda ! unda ! unda !..... accurrite, cives!

A MACON,

Chez Charpentier fils, Libraire.

— 1840. —

—→→→→➔➂©←←←←—

VENDU AU BÉNÉFICE DES SUBMERGÉS.

—→→→→➔➂©←←←←—

AVANT-PROPOS.

Retracer les désastres causés par la terrible inondation de la Saone et du Rhône en 1840; reproduire les divers épisodes, les actes de courage et de dévouement qui ont accompagné cette affreuse catastrophe, et, plus encore, joindre mon tribut d'aumône aux sacrifices généreux qui, de toutes parts, viennent alléger des misères sans exemple : tel est le but que je me suis proposé.

Le nombre considérable des Souscripteurs à la Relation que j'ai annoncée semble témoigner que ce but sera rempli.

Ce n'est pas une œuvre littéraire. — Écrite à la hâte sous l'influence accablante des sinistres causés par un fléau auquel ne peut résister aucune puissance humaine, elle présentera d'inévitables imperfections de style. — Pressé par le désir de laisser à mon ouvrage toute son actualité, j'ai cherché plutôt à être narrateur fidèle qu'écrivain élégant.

Victime moi-même de l'inondation, j'ai parcouru tout le littoral de la Saone. — J'ai été témoin attristé d'innombrables dévastations et des tableaux les plus déchirans. J'ai reconnu

tant d'infortunes, tant de douleurs à soulager,
que, malgré tout mon désir de ne rien omettre,
je serai forcément au-dessous de mon rôle d'his-
torien.

Ce n'est donc pas de l'indulgence que je viens
ici réclamer pour mon œuvre ; c'est de la
pitié pour les malheureux inondés, pour tant
d'infortunés qui se trouvent sans asile, sans
ressource et sans autre moyen d'existence que
la charité publique ; pour tant d'êtres affligés,
que les rigueurs de l'hiver menacent encore. Ce
que j'ose réclamer, c'est le modique tribut que
tout homme doit à son frère qui souffre.

Mon appel sera entendu.

Une Pièce de Vers sur l'inondation, due à
la plume élégante de mon honoré collègue et
ami, M. le Docteur BOUCHARD, forme un des
principaux attraits de ce volume. La richesse
des pensées, la beauté et la pureté du style,
rendent cette Épître digne de son sujet.

L'Historique de toutes les inondations du
Rhône et de la Saone à diverses époques, due
aux recherches de M. Léon BOITEL, éditeur de
la *Revue du Lyonnais*, forme le complément nécessaire de mon travail.

Enfin, une Carte indiquant la situation topo-
graphique des villes et communes inondées,

permet au lecteur de suivre les désastres dont je donne la triste énumération.

Cette Carte est encore une œuvre désinté- ressée. Je la dois à M. A. PELLIAT, géomètre à Mâcon, éditeur de l'*Album de Saone et Loire*.

Ce volume n'est donc pas une création qui me soit propre ; il est le résultat de divers efforts philanthropiques. Je ne m'applaudirai de sa publication qu'autant qu'il aura atteint le but proposé, l'allégement de quelques mi- sères.....

Si ce but m'échappe, je dirai encore avec le poëte latin :

Si desint vires, tamen est laudanda voluntas.

Si les forces manquent, il faut louer l'intention.

P.-C. OR.....

INONDATION DE 1840.

SOMMAIRE
Des Chapitres contenus dans ce volume.

VII.

Littoral du Rhône, de Lyon à la mer. — Givors. — Vienne. — Tournon. — Tain. — Valence. — Avignon. — Aramon. — Beaucaire. — Tarascon. — Arles. — Roque-maure. — Aigues-Mortes.

VIII.

Faits divers. — Submersion d'une petite vallée à Charnay (Saone et Loire). — Submersion du village de Drom (Ain). — Bouleversement terrestre dans la commune de Vaux (Ain). — Éboulement de terrain à Vertanout-sous-Briod. — Ébranlement de la montagne de Coiron (Ardèche).

IX.

Offrandes et souscriptions diverses. — Dons les plus remar-quables par leur importance ou leur touchante simplicité. — Juste répartition des sommes réunies.

X.

Moyens proposés pour prévenir les effets désastreux de nouvelles inondations.

Historique des inondations de Lyon à diverses époques.

Poésie, pa le docteur Bouchard.

I.

GÉNÉRALITÉS.

Si les fleuves et les rivières sont le plus ordinairement, pour les pays qu'ils parcourent, des sources inépuisables de prospérité ; si, véritables Pactoles, ils versent sur leurs bords privilégiés l'or en abondance, c'est-à-dire l'animation, le commerce et la fortune, il arrive qu'à certaines époques ils se transforment tout-à-coup en fléaux dévastateurs qui détruisent en quelques jours les épargnes d'un grand nombre d'années.

Le littoral de la Saone, dans toute l'étendue de son cours et de celui de ses affluens ; celui du Rhône, dans quelques-unes de ses parties, viennent de subir les chances fatales attachées aux compensations de ces grandes voies fluviales.

Cette paisible rivière, qui prend sa source dans les Vosges, et semble, dans son état normal, se détacher avec peine des rives fécondes qu'elle arrose, et s'unir au Rhône avec regret ; la Saone, plusieurs fois dans l'année, s'échappe de son lit et fait irruption dans les campagnes voisines. Mais, semblable au Nil qui fertilise l'Égypte, elle s'étend mollement, au printemps avant la pousse de l'herbe, ou à l'automne après le fenage, sur de vastes prairies habituées à ses caresses, et qui la reçoivent, dans ses tranquilles excursions, comme un bienfait. Transportant dans son sein une vase fécondante qu'elle dépose, elle remplace un engrais coûteux. Pénétrant le sol dans toutes ses parties et à de grandes profondeurs, elle le débarrasse d'insectes nombreux et laisse après elle une fraîcheur très favorable à l'abondance des récoltes. — Dans les années où les eaux suivent leur cours sans se répandre, les immenses prairies qui les avoisinent se dessèchent, se couvrent d'une herbe rare et jaunissante; une foule de taupes et de rats s'y établissent, les labourent dans tous les sens, et annihilent une précieuse ressource du pays, — les foins.

On a généralement observé que, dans ses débordemens ordinaires, la Saone croissait pendant neuf jours, restait stationnaire un jour ou deux, ou présentait une nouvelle recrudescence de neuf jours encore, puis diminuait plus ou moins rapidement, suivant l'état de l'atmosphère : bien différente en cela du Rhône, qui en quarante-huit heures parvient à son apogée de croissance, et en vingt-quatre heures reprend son allure habituelle.

La lenteur dans la marche des inondations de la Saone permet de se précautionner contre leurs effets. Leur accroissement progressif ne dépasse jamais quelques centimètres par heure, et n'a pas été plus sensible dans celle que nous venons d'observer. Cette lenteur explique comment il a été possible de sauver le bétail et une partie des récoltes, et pourquoi, sur des milliers de personnes surprises par l'inondation, aucune n'a péri dans les campagnes, et un très petit nombre dans les villes.

L'élévation de cette rivière n'est pas régulière dans tout son cours : ainsi, elle aura crû de 25 centimètres à Chalon, que l'élévation ne sera que de 12 centim.

à Mâcon et dépassera 40 à Lyon. La cause en est dans l'étendue plus ou moins considérable des prairies et des plaines sur lesquelles elle se répand, et dans l'abondance assez irrégulière des eaux de ses divers affluens. — Pendant sa croissance, elle transporte à sa surface une grande quantité de détritus, qu'elle soulève dans les lieux qu'elle visite. Ses eaux sont épaisses, terreuses, de couleur jaune. Lorsqu'elle décroît, ces dernières s'éclaircissent : ce qui explique la formation du dépôt de vase qu'elles laissent après elles en se retirant. — Le Rhône s'épaissit également ; mais la nature sablonneuse du sol qu'il parcourt rend le limon qu'il dépose moins fécondant, et donne à ses eaux une couleur grise. Au confluent, le fleuve et la rivière ne se confondent pas immédiatement, et il est facile de les distinguer longtemps encore après leur union.

Quelquefois cependant, changeant les époques de ses débordemens, la Saone détériore et anéantit des moissons prêtes à être recueillies. Les pertes sont alors considérables, mais ne sauraient être comparées aux désastres que cette rivière vient de causer dans l'inondation dont j'ai entrepris le récit.

L'histoire et la tradition n'en citent qu'un exemple, et il faut remonter au cinquième siècle pour trouver des ravages qui se rapprochent de ceux que nous avons à déplorer aujourd'hui.

J'ai dit : Qui se rapprochent... Je me trompe ; les désastres en 580, époque de barbarie, dépassèrent tout ce que l'imagination peut concevoir de plus horrible, et ont été par conséquent supérieurs à ceux de 1840. D'après le récit de Grégoire de Tours, le seul auteur ancien qui ait parlé de cette inondation, les habitans et les bestiaux furent presque tous noyés dans les maisons détruites. Les malheureux qui échappèrent à la fureur des eaux succombèrent à la famine et aux maladies. Lyon, Mâcon, Chalon furent dépeuplés; — tandis qu'au dix-neuvième siècle, dans cette ère de civilisation et de charité, très peu de personnes et d'animaux ont péri. La famine ne saurait être à craindre; une seule partie de l'Est de la France a été ravagée, et les pays qui n'ont pas souffert se sont empressés, avec la plus fraternelle sollicitude, de venir au secours des victimes. Quant aux maladies, nous ne savons ce qui nous est réservé : mais, grace à des secours bien entendus, grace aux moyens hygiéniques que des Conseils de salubrité ont communiqués aux habitans des villes et des campagnes inondées, espérons que leur nombre sera très limité.

Six siècles après la terrible inondation de 580, une pluie continuelle qui tomba pendant deux mois occasionna une nouvelle inondation en 1196, qui causa de grands sinistres et fut le motif d'une suspension d'hostilités entre Richard-Cœur-de-Lion et Philippe-Auguste.

En 1408, il survint des débordemens extraordinaires de la Saone et du Rhône. Plus de deux cents maisons furent renversées, soit par les glaces, soit par les eaux.

J'ai lu dans une vieille légende que, le 19 novembre 1423, la Saone étant fort débordée, la grande arche du pont de Mâcon et la maison de la chapelle de Saint-Nicolas, servant en même temps pour le guet, et bâtie sur cette arche, tombèrent

dans la rivière à dix heures du soir. Alors Jean de
Vernul, capitaine de la ville, Jean Cenvaudon,
Pierre Seigneuret, Pierre Maréchal et Guichard
Chaptal, prêtre, réunis sur cette arche pour faire
le guet, coururent de grands dangers ; le capitaine
fut noyé. Ce fut à cette occasion que les évêques
accordèrent des dispenses et des indulgences à ceux
qui feraient des dons pour réparer le pont détruit.
Depuis, les Etats du Mâconnais firent incruster
dans de nouvelles constructions tout le vieux pont.
Cette réparation, aussi hardie qu'ingénieuse, lui
donna une grande solidité et la largeur qu'il présente aujourd'hui.

Une des plus désastreuses inondations est celle
qui eut lieu le 2 décembre 1570. Le Rhône et la
Saone sortirent de leurs limites et s'étendirent si
subitement dans la ville et les campagnes, qu'ils
surprirent dans le sommeil la plus grande partie des
citoyens. Un grand nombre périrent dans leurs
maisons, sapées par les eaux et s'écroulant de toutes
parts. La Guillotière fut presqu'entièrement renversée.

En 1572, nouvelle inondation (du Rhône, plus
particulièrement).

En 1602, la rivière de Saone s'éleva à une telle
hauteur, qu'elle toucha la circonférence des arches
des ponts qu'on chargea de gueuses, de fer et de
gros quartiers de pierre, afin de leur donner plus
de stabilité.

En 1640, la Saone parvint à une hauteur extraordinaire. Sur le *saonomètre*, échelle fixée au pont
de Mâcon pour indiquer les diverses phases d'élévation des eaux de la rivière et les degrés les plus

convenables à la navigation ; sur le *saonomètre*, une barre portant l'inscription 1640 témoigne qu'à cette époque l'inondation surpassa les débordémens annuels.

En 1711, elle dépassa de 32 centimètres la hauteur qu'elle avait atteinte en 1640 ; et une nouvelle barre, portant l'inscription 1711, fut posée au-dessus de la précédente. Cette inondation, une des plus remarquables, eut lieu au mois de février, et fut occasionnée par des pluies abondantes et la fonte des neiges. Elle ravagea les prairies de Pont-de-Vaux, Pont-de-Veyle et Thoissey, détruisit un grand nombre d'édifices riverains, et occasionna sur tout le littoral, et particulièrement à Lyon, où elle se joignit au Rhône également débordé, des ravages incalculables.

Une chose remarquable, c'est que les registres contenant les délibérations des Etats du Mâconnais, qui statuaient sur les impôts et les dépenses d'utilité publique, font à peine mention des désastres causés par l'inondation de 1711. Voici tout ce qu'ils contiennent relativement à cette catastrophe :

Séance du 23 janvier 1711.

« ..... Sur la requeste présentée par les habitans des paroisses de Savigny, Malay, Amugny, Cormatin et lieux circonvoisins, au sujet des ruines que les grandes eaux ont causées au pont dudit Malay, sur la rivière de Grosne, etc.... il a été délibéré que ledit pont sera visité, etc... A cet effet, l'évêque a nommé M. Chanorier, élu du tiers-état, pour en faire la visite et reconnoissance. »

Tandis que, poursuivant les recherches, on trouve dans un registre de 1713 :

« ..... Quoique la levée de la dixme royale, qui,

jointe à la capitation et aux autres impôts, fît gémir les peuples, on ne laissa pas de respirer pendant ces années 1711, 1712 et 1713, soutenu par l'espérance d'un temps plus doux. En effet, les récoltes furent assez raisonnables, quoique médiocres ; mais les inondations causées par des pluies fréquentes causèrent de nouvelles peines et de nouvelles pertes. Elles furent si grandes (les inondations), que les eaux occupoient toutes les rues de la ville de Mâcon au long de la rivière ; en sorte qu'il y en eut environ un pied dans l'église Sainte-Marie ; elles couvrirent presque l'autel de Saint-Etienne et de l'Hôtel-Dieu, et l'on ne pouvoit entrer que par les fenêtres dans les maisons de la rue Bourgneuf ; on ne pouvoit aller qu'en bateau dans toute cette rue jusqu'au port St.-Jean.

« Les eaux firent de grands ravages à la campagne, où elles abattirent quelques maisons, emportèrent nombre de chaussées d'étang, et particulièrement celle de La Clayette, dont elles ruinèrent partie du château, et enfin gâtèrent les bleds qui étoient sur les bords des rivières. Les foins furent tellement endommagés qu'ils valurent jusqu'à 35 sols le quintal. »

Cette dernière délibération remonterait-elle à l'inondation de 1711? Ce serait à croire, puisque, dans la chronique des ravages causés à Lyon par le débordement des eaux (chronique due aux recherches de M. Léon Boitel, éditeur de la *Revue du Lyonnais*), il n'est nullement fait mention de 1713. (VOIR A LA FIN DU VOLUME.)

En 1840, la Saone s'est élevée de 1 mètre 20 centimètres au-dessus de la barre de 1711, et les ravages qu'elle a exercés sont effroyables.

Tous ces jolis villages riverains, tellement rapprochés qu'ils semblaient appartenir à la même
commune ; le plus grand nombre de ces charmantes
villas, qui donnaient aux bords de la Saone cet
aspect riant et fertile que les voyageurs admiraient,
ont entièrement disparu.

Chalon, Tournus, Mâcon, Trévoux comptent
un grand nombre d'habitations écroulées.

Ce faubourg où une population si nombreuse,
où tant d'industrie s'agitaient ; ce faubourg qui,
placé à la porte de la métropole commerciale de
France, indiquait à l'étranger qu'il entrait dans
une cité de travailleurs ; Vaize est détruit presque
en totalité.

Le Rhône a été, en ravages, le digne émule de
la Saone :

Prenant ses sources dans les plus hautes régions
des Alpes ; recevant les fontes subites des neiges et
des glaces ; grossi par les pluies excessives qui lui
arrivent par de nombreux affluens, ce fleuve devient
l'un des plus impétueux et des plus redoutables.
Lorsqu'il fait irruption, il brise et renverse tout
dans sa course, et c'est toujours plus particulièrement à Lyon qu'il exerce ses fureurs. Aussi, dans
cette dernière inondation,

La Guillotière, grande et nouvelle ville, jointe
par un pont à sa sœur aînée ; La Guillotière a
vu s'anéantir 231 de ses édifices ;

Les Brotteaux, vaste plaine appelant dans son
sein les nombreuses et importantes constructions
que refuse la cité-mère ; les Brotteaux, noyau d'une
ville immense, ont été ravagés ;

Un désastre de quelques jours a tout détruit,

et le métier de l'artisan, et les marchandises du négociant, et les denrées du cultivateur ; il a tout renversé, la cabane du pauvre, la maison du petit propriétaire, l'habitation somptueuse du riche ;

Là où régnaient l'activité, la vie, la prospérité, il n'y a plus aujourd'hui que le silence de la mort, les douleurs de la faim, le désespoir et les sanglots de la misère. Plus de 10,000 familles, hier prospères, sont aujourd'hui sans abri, sans asile et sans pain.

Vienne, Tournon, Valence, Avignon, Beaucaire, Tarascon, Arles ont éprouvé de grands et nombreux sinistres par l'élévation inouie et l'impétuosité si terrible du Rhône ; élévation due plus particulièrement à l'affluence des eaux de la Saone.

Les quatre derniers siècles présentent donc des inondations extraordinaires et progressant toujours. — Doit-on en conclure que l'eau, en 1840, a été plus abondante qu'en 1570, 1640 et 1711 ? Je ne le pense pas.

Chaque année la Saone transporte dans les prairies qui l'avoisinent des couches d'une vase qui devient terre ; couches qui, se superposant les unes aux autres, exhaussent insensiblement le littoral.

Dans des travaux que j'ai fait dernièrement exécuter, j'ai trouvé, dans les prairies de St.-Laurent, à trois pieds, sous un terrain que j'appellerai d'alluvion, et qui différait essentiellement de nature avec celui sur lequel il était appuyé, j'ai trouvé du charbon de bois, des bagues, des ustensiles en fer et deux clefs ; la forme de ces clefs indique qu'elles ne peuvent remonter qu'au 15.me siècle, époque où la serrurerie avait déjà acquis un certain degré de perfection et adopté une forme de laquelle nous nous sommes peu éloignés. — J'en ai tiré la conclusion réellement incontestable que, dans l'espace d'un siècle, le littoral de la Saone s'exhausse de 30 centimètres au moins, sans que son lit subisse la même élévation, ainsi que le prouvent des pilotis séculaires, des restes de travaux romains, toujours à découvert pendant l'étiage.

En outre de l'exhaussement du littoral, de nombreuses communes se sont rapprochées de la rivière, et, pour éviter quelques-unes de ses crues, se sont entourées de chaussées, espèce de digues qui s'opposent au développement des eaux. Ajoutons qu'une multitude de nouveaux ponts suspendus, avec leurs culées trop rapprochées et leurs chaussées qui y aboutissent, sans ouverture, sans dégorgement, sont encore venus entraver le passage des eaux.

La Saone a donc perdu depuis quelque temps les vastes débouchés, les plaines immenses dans lesquelles elle versait la surabondance de ses affluens: plus encaissée, si je peux m'exprimer ainsi, elle doit nécessairement, avec la même quantité d'eau, atteindre à une hauteur bien supérieure à celle de jadis.

Ce vaste bassin, limité à l'est par les montagnes du Jura qui y verse une grande partie de leurs eaux, à l'ouest par les montagnes du Mâconnais, resserré plus bas entre les collines de la Dombe et les rives du Beaujolais, ce vaste bassin, où s'épand la Saone gonflée par la Dheune, le Doubs, la Grosne, la Seille, la Reyssouse, la Veyle et une foule de ruisseaux et torrens, n'a d'autres débouchés que le canal creusé (dit l'histoire) par les Romains dans le rocher de Pierre-Scize. Ce canal, déjà trop restreint pour suffire à l'écoulement de la masse d'eau que les pluies abondantes réunissent en amont, vient encore d'être resserré par l'établissement de nouveaux ponts et de nouveaux quais; et ce resserrement, contraire aux lois de l'hydraulique, prépare à la plaine de fréquens sinistres, si le Gouvernement ne fixe bientôt son attention sur la fâcheuse disposition que je signale.

Ce que je viens de dire de la Saone peut fort bien s'appliquer au Rhône. Jadis les plaines des Brotteaux, n'étant pas habitées, offraient un vaste débouché aux eaux du fleuve. Des arches supplémentaires jointes à celles du pont de La Guillotière leur présentaient d'immenses issues. Aujourd'hui, la plaine a été remblayée en grande partie; les arches auxiliaires ont été fermées par de nouvelles et nombreuses constructions; et cependant la nécessité de ces arches avait été si bien sentie, qu'après l'inondation de 1756 les deux provinces du Lyonnais et du Dauphiné se concertèrent pour ajouter le secours d'une arche de plus aux huit supplémentaires qui avaient rendu tant de services. — Le pont de la Guillotière contenait alors dix-sept arches. De nos jours, il n'en présente plus que neuf.

Les inondations les plus remarquables ont eu lieu à l'époque des averses abondantes, favorisant la fonte des neiges amassées sur les montagnes pendant le cours de l'hiver. Il est sans exemple que quelques jours de pluie aient amené un résultat aussi désastreux que celui que nous venons d'observer.

Les habitans du littoral de la Saone, et même du Rhône (fleuve auquel il sera évidemment nécessaire d'ouvrir un déchargeoir en arrière des Brotteaux , si on veut éviter qu'à chaque année il ne ravage cette riche plaine), doivent s'attendre à des inondations de plus en plus menaçantes. Que, dans cette prévision , ils s'abstiennent de reconstruire en terre les habitations qui se sont écroulées, ou du moins qu'ils élèvent jusqu'au premier étage au moins la maçonnerie qu'ils bornaient autrefois à un demi-mètre au-dessus du sol. Qu'ils ne disent pas : — Bâtissons en pisé. La Saone et le Rhône n'ont jamais atteint la hauteur où ils sont parvenu en 1840 ; ils ne reviendront probablement jamais à une semblable élévation. — Ce raisonnement serait faux , ainsi que je crois l'avoir démontré péremptoirement. Qu'ils réfléchissent, au contraire, que huit jours de pluie , à une époque où les neiges n'étaient pas encore abondantes, ont suffi pour amener une inondation sans exemple. Qu'ils s'attendent à des débordemens qui ne tarderont certainement pas un siècle pour se reproduire.

Qu'en conséquence, une pierre, qu'on nommera diluvienne , soit placée dans chaque commune riveraine , indiquant à quelle hauteur sont arrivées les eaux de la Saone ou du Rhône en 1840. Cette pierre fera pressentir la hauteur plus considérable encore que les eaux peuvent atteindre, et servira à établir des niveaux et à diriger les nouvelles constructions qui vont bientôt remplacer celles écroulées.

Que de reproches n'aurait-on pas à se faire si, négligeant d'aussi simples précautions , nous avions bientôt de nouveaux sinistres à déplorer !

GRAY, PONTAILLIER, AUXONNE, ST.-JEAN-DE-LOSNE, SEURRE.

CHALON ET SES ENVIRONS.

De sombres prophéties menaçaient l'an de grace 1840 ; un cataclysme universel, qui faisait sourire notre scepticisme, avait été prédit : ne vient-il pas de se réaliser sur le littoral de la Saone, du Rhône et de leurs affluens ?

L'année avait été généralement moins pluvieuse que les précédentes. Au printemps, les rivières étaient à sec. Pendant les mois de juillet, août, septembre et octobre, à peine quelques journées de pluie étaient venues rafraîchir une végétation altérée. Les vignes elles-mêmes, qui aiment le chaud, souffrirent d'une sécheresse trop prolongée. Le mercredi 28 octobre, les baromètres, depuis long-temps au beau, descendirent tout-à-coup. Quelques bourasques se firent sentir, et la pluie commença. Elle tomba sans interruption et avec une intensité telle qu'on eût dit une nouvelle édition de déluge, et qu'un observateur consciencieux, le docteur Benon-des-Chânes, de Berzé-la-Ville, en calcula la quantité ainsi qu'il suit : Il a reconnu que pendant les journées des 27, 28, 29, 30 et 31 octobre, 1.er et 2 novembre, il était tombé 32 centimètres 4 millimètres d'eau. Comme la quantité moyenne est de 54 centim. par an, il résulte que dans sept jours il est tombé plus d'eau que dans sept mois. Cette abondance inouie, jointe à la fonte des premières

neiges des Vosges et du Jura, fonte qui a été favo-
risée par une température tiède et élevée pour la
saison (le thermomètre étant de 12 à 13 degrés
Réaumur au-dessus de zéro), explique, conjointe-
ment avec les entraves au dégorgement des eaux
que j'ai signalées, une inondation que quelques
personnes attribuent à tort à des causes surnatu-
relles. Cette inondation eût été plus terrible encore
si elle était survenue au printemps, époque où les
neiges amassées pendant l'hiver se seraient trouvées dans une bien plus grande proportion.

L'Est de la France, depuis les Vosges jusqu'à la
mer, comprenant une partie des départemens de
la Côte-d'Or, de la Haute-Saone, de Saone-et-Loire
et tout le Jura; les départemens de l'Ain, du
Rhône, de l'Isère, de l'Ardèche; une partie de ceux
de la Drôme, de Vaucluse, du Gard et des Bouches-
du-Rhône; l'Est, dis-je, a été, pendant huit jours,
exposé aux mêmes pluies incessantes et aux mêmes
inondations.

Pour juger du développement et des ravages de
ces dernières, qu'on se représente 150 lieues, sur
4 de largeur moyenne, recouvertes de 25 pieds
d'eau! Qu'on se représente une foule de villages
assez éloignés du littoral pour se croire à l'abri des
débordemens des rivières, et tout-à-coup submergés
et anéantis; les routes royales couvertes de plusieurs
mètres d'eau; enfin, de nombreuses populations
surprises et réduites à la plus entière misère, par
la perte de leurs récoltes et de leurs habitations!

Les averses commencèrent assez généralement
le 27 octobre et continuèrent, presque sans interruption, pendant sept jours. Tous les fleuves, rivières, ruisseaux et torrens se gonflèrent très rapi-

dement et concoururent à cette terrible inondation, qui devait être si désastreuse par ses résultats.

Le mercredi 29 octobre, la Saone, qui était à une hauteur à peine moyenne, s'éleva au point que le vendredi soir elle avait abandonné son lit et submergé les prairies voisines. — Le lundi 2 novembre elle égalait les plus fortes inondations. — Le mercredi 4, elle surpassait d'un mètre 20 centimètres la hauteur si remarquable qu'elle avait atteinte en 1711, et les sinistres se comptaient par milliers.

Jetons un coup-d'œil rapide sur l'ensemble des ravages causés par le plus terrible des fléaux. Les détails sont si affligeans et si nombreux, que vouloir les rapporter fidèlement serait impossible.

Suivant d'abord le cours de la Saone depuis Gray, où elle devient navigable, jusqu'à Lyon, où elle s'unit au Rhône, je constaterai que cette rivière n'a réellement causé de grands sinistres que depuis Chalon. Tout le pays en amont, parcouru par la haute Saone, a été également inondé, mais a beaucoup moins souffert que le littoral de la basse Saone.

Ainsi, *Gray* n'a pas eu de pertes à déplorer.

Pontaillier n'a eu qu'un de ses faubourgs submergé.

Auxonne, malgré ses fortifications, a vu la Saone s'ébattre dans ses rues, et se retirer sans dommage sensible.

Saint-Jean-de-Losne a supporté de grandes pertes matérielles, mais aucun accident grave. Une seule maison, nouvellement construite sur le quai, s'est écroulée. — Poussés avec une extrême violence, des trains de bois, des bateaux chargés de houille, entraînés par les eaux, venaient battre contre les culées du pont. La violence du choc était telle, qu'on a vu des bateaux s'aplatir, d'énormes pièces de bois se briser en morceaux. — Le pont, un des plus beaux et des plus solidement construits, a résisté à tous les chocs extraordinaires, sans en être ébranlé.

Seurre n'a pas été maltraité.

M. Emile Mollerat, directeur de la manufacture de *Pouilly*, près Seurre, a eu son établissement envahi par les eaux. Ce généreux citoyen, beaucoup moins touché de la perte qu'il a éprouvée que des désastres dont tant de malheureux paysans étaient les victimes, ayant appris que la commune du Chatelet, canton de Seurre, avait été submergée tout entière par les eaux de la Saone, sans pouvoir communiquer avec les communes voisines et sans moyen de venir chercher des secours, se mit en quête de sept vigoureux rameurs, qu'il chargea de porter des provisions aux submergés du Chatelet. Cent cinquante kilogrammes de pain, trois tonneaux de pommes de terre cuites, et une assez forte somme d'argent, furent remis à ces malheureux, de la part de M. Mollerat. — Ceux-ci ont résolu, dans leur reconnaissance, d'inscrire ce trait d'humanité aux archives de la commune ; et je suis heureux de pouvoir lui donner de la publicité.

Verdun a beaucoup plus souffert. Le Doubs, ayant rompu ses digues, a envahi toutes les parties basses de la ville ; mais on a pu préserver la plus grande partie des marchandises et des mobiliers. — Deux vieillards avaient été oubliés dans leur lit ; on les a sauvés en découvrant la toiture de la maison. Ces malheureux, surpris par les eaux, avaient cherché un refuge, à l'aide de table et de chaises, dans la cheminée de la chambre qu'ils habitaient.

CHALON a vu la Saone s'élever, le 1.er novembre, au n.° 20 du *saonomètre* du pont. Le lendemain, une grande partie des quais, toutes les plaines environnantes, les routes de Lyon et de Saint-Marcel étaient couvertes de un à deux mètres d'eau. On circulait en bateau autour de l'hôtel du Parc, sur la place des Diligences et le port des Messageries.

L'Autorité se hâta de prendre toutes les mesures jugées nécessaires. Des postes nombreux, composés de militaires du 44.e, de gardes nationaux et de mariniers connaissant et la rivière et la manœuvre, furent établis dans les endroits les plus périlleux. A la nuit, la circulation fut interdite excepté pour les voitures publiques et les malles-postes.

Ce jour-là, la Saone charria des épaves de toute nature, bois à brûler, bois de charpente, radeaux entiers, venant se briser ou s'arrêter contre les ponts; meubles, foin, paille, etc.

Le 2, le n.° 21 de l'échelle fut dépassé; un grand nombre de rues furent envahies, et le canal fit sa jonction avec la Saone. Le faubourg de St.-Laurent était en partie couvert. L'hôpital avait 30 centimètres d'eau dans ses rez-de-chaussée, et les malades, fuyant l'inondation, se réfugièrent au 1.er étage, où des salles provisoires ont été improvisées. Toutes communications étaient interceptées du côté de Verdun, St.-Marcel et Louhans.

Ce fut le 2, à onze heures du soir, que le maire de Chalon reçut, par une ordonnance de gendarmerie, une lettre de Verjux réclamant les plus prompts secours. Soixante maisons construites en briques non cuites, n'ayant pu résister à l'action de l'eau et à la force des courans, s'étaient abîmées dans les eaux, ensevelissant grains, fourrages et jusqu'au bétail.

Le 3, la Saone était à 22 et 1/2 de l'échelle du pont. Tous les courriers et une très grande quantité de voyageurs et de militaires s'arrêtèrent à Chalon : toutes les routes étaient submergées.

Verjux réclamant des secours, il était aussi urgent d'en porter que difficile d'y parvenir. Un bateau ordinaire n'aurait pu faire le trajet, et aucun paquebot à vapeur ne se trouvait au-dessus du pont.

M. le Sous-Préfet, dont on se plaît, à Chalon, à louer le zèle et l'activité, n'hésite pas à assumer la responsabilité de faire essayer le passage du bateau à vapeur la gondole n.° 2 sur la levée de la route royale n.° 78, en tournant le pont.

Ce magistrat réunit sur le bateau, commandé par M. Leroyer, l'élite des mariniers de la Saone, tous gens dévoués, et y monte le premier, pour juger jusqu'à quel point on devait prolonger cette tentative hardie. Des saules, des peupliers sont brisés, quelques éclats se détachent des roues ; mais l'obstacle est franchi.

Le bateau, transportant 400 kilogrammes de pain et remorquant des barques de sauvetage, prend, à une heure après midi, sa course vers Verjux et Verdun.

Le vent soufflait avec violence, la pluie tombait par torrens ; la Saone, croissant toujours, avait envahi la caserne, et la garnison bivouaquait à Chalon dans des granges et de vastes salles.

Le 4 novembre, la crue s'était arrêtée. Aucun accident remarquable n'était signalé, personne n'avait péri ; mais les pertes matérielles étaient immenses.

La gondole était arrivée à Verjux à quatre heures du soir ; elle avait accueilli plus de 100 habitans qu'elle transporta, sur leur demande, à Gergy. Le lendemain elle avait opéré le transport du reste de la population qu'il était utile de faire évacuer, et du bétail que les eaux avaient épargné. Près de 80 maisons étaient renversées, et plus de 100 familles étaient plongées dans la plus profonde misère.

La gondole transporta également les habitans de Saunière, qui couraient les plus grands dangers, et les déposa à Sermesse.

La gondole était à peine rentrée à Chalon, qu'elle fut chargée d'une nouvelle mission. Elle se dirigea dans la basse Saone, où l'état des populations d'Ouroux, Marnay, etc., inspirait de vives inquiétudes. Le port d'Ouroux était complètement submergé ; les habitans, relégués, pour la plupart, dans les greniers, déclarèrent n'avoir encore essuyé d'autres sinistres que la perte de leur mobilier. Ils avaient, du reste, des bateaux pour communiquer avec la terre.

A Marnay, cinquante habitations étaient renversées et détruites par les eaux. Personne n'avait péri. On n'avait perdu qu'une seule tête de bétail ; mais les récoltes et provisions de toute nature, mobilier et matériel d'exploitation, étaient enfouis dans les maisons écroulées. — En quittant Marnay, la gondole visita le port de Thorey, et celui de la Colonne, commune de Gigny (les habitans étaient parvenus à fuir avec leur bétail), et de là se rendit au port d'Ormes, où elle n'arriva qu'à la nuit.

Les habitans étaient occupés au sauvetage des marchandises dont le port était couvert. Aucun sinistre, aucun danger n'étaient signalés.

Le 5, entre six et sept heures du matin, le bateau s'est mis en mouvement pour visiter Gigny, en effectuant son retour ; le plus grand nombre des habitans avaient été accueillis par ceux de Sennecey-le-Grand.

On ne peut que donner des éloges à l'équipage, qui, pendant trois jours, s'est dévoué, par des eaux de plus de 22 degrés, pour secourir les malheureux naufragés.

Le 5, l'eau était parvenu, à Chalon, à son *maximum* d'élévation. Toute la ville était inondée, de Sainte-Marie au pont du Canal. — Le plus grand nombre des habitans des rez-de-chaussée avaient été assez prévoyans pour mettre à l'abri leurs marchandises, et Chalon a moins de pertes à déplorer, grace aux mesures sages prises par l'Autorité ; et ces mesures sont d'autant plus dignes d'éloges, qu'au milieu des calamités publiques se remarque trop souvent un désordre d'idées dont on ne peut se rendre raison. Tout marche à l'aventure, tant on est étourdi par des désastres imprévus. On se presse, on se gêne, chacun commande et personne ne veut obéir.

TOURNUS ET SES ENVIRONS.

Les alarmes ont été vives à Tournus. Le 1.er novembre, la Saone a envahi avec violence les parties les moins élevées de la ville.

La veille, le débordement du bief de Potet avait inondé le quartier de l'Hôpital et forcé les habitans à déménager tous les rez-de-chaussée et les magasins situés dans les rues basses. Sans cette circonstance, plus de 200 ménages euesent été submergés.

Les eaux s'élevèrent successivement à une telle hauteur, que l'on circulait en bateau sur les quais, sur la place de l'Hôpital, dans les rues Greuse, du Bac et de la Pêcherie.

Le 1.er novembre, l'Autorité fit explorer La Truchère; le commissaire de police s'y rendit dans un grand bateau conduit par des mariniers intelligens.

Le mardi, le nommé Vernet, qui avait voulu traverser à cheval la levée près de La Crot, fut emporté fort loin par le courant; cependant il put atteindre à la nage un peuplier et s'accrocha aux branches; trois bateliers survinrent heureusement et le sauvèrent ainsi que le cheval.

Mereredi, trois autres mariniers envoyés par le maire de Tournus aux Essards, près de la commune de Labergement, arrachèrent à une mort certaine deux femmes et plusieurs enfans.

Jeudi, malgré la violence de l'orage, une embarcation, montée par quatre hommes dévoués, porta une seconde fois des secours aux habitans de La Truchère. Ce jour-là, les vagues se brisaient avec violence contre les portes des magasins du quai de Tournus, et le ponton d'un paquebot, qui y était amarré, produisait l'effet d'un bélier sur la façade de plusieurs maisons. Des mariniers n'hésitèrent pas à se jeter dans des barques, et, après des efforts inouis, ils parvinrent à fixer solidement le ponton. Des cris *au feu !* se firent entendre, toute la population se porta dans le quartier de la Madeleine; mais ce n'était qu'une épaisse fumée produite par l'ébullition d'une tonne de chaux placée dans un rez-de-chaussée.

Le même jour, plusieurs hommes de rivière, qui traversaient la Saone pour porter des secours aux habitans de la rive gauche, virent sombrer leurs embarcations ; ils allaient périr, lorsque d'autres mariniers furent assez heureux et assez dévoués pour les sauver.

Une petite maison et des murs de clôture sur divers points ont été renversés par les eaux, et plusieurs façades sur le quai sont endommagées. Une grande quantité de bois de chauffage et de bois de construction a été entraînée.

A Farges, trois maisons et quelques pans de murs se sont éboulés.

Mais ces pertes ne sont rien comparativement à celles dont je vais dérouler le sombre tableau.

A La Truchère, vingt-cinq habitations sont détruites ; trente autres sont tellement endommagées qu'elles menacent ruine.

Le 30 octobre, une partie de la commune était submergée, et les habitans se réfugièrent avec le bétail chez les voisins non encore inondés, croyant y trouver un asile sûr ; mais le 2 novembre, toute la commune fut couverte d'eau, et aucune maison ne fut épargnée. Plus de 300 habitans se retirèrent à Préty, d'autres au Villars, à Ratenelle et à Sermoyer, emmenant avec eux leurs bestiaux.

Il y avait 66 centimètres d'eau dans l'église, et plus de deux mètres dans plusieurs habitations. Ce fut le 6 novembre que commença l'éboulement des maisons, et le 7 vingt-cinq étaient à bas, ensevelissant sous les décombres meubles, linge et récoltes.

A St.-Albain, quoique les habitations fussent toutes construites en pierres et en mortier de chaux, cinq se sont écroulées et quatre autres ont été tel-

lement ébranlées que leur reconstruction est inévitable. Une perte est à déplorer, celle d'un enfant
de 19 mois, qui a été enseveli sous les décombres.
Sa mère a été retirée mourante.

A Pont-de-Vaux, l'eau s'est élevée à une hauteur effrayante et a envahi toutes les maisons
de la place Joubert à plus de deux mètres de
hauteur. — Sur celle de la Recourbe, la plus
rapprochée de la rivière et du canal, les habitans ont été obligés de fuir et de déménager
en toute hâte ; quelques-uns même n'ont pu se
retirer qu'en bateaux. Malgré les précautions
prises, douze maisons se sont écroulées dans les
faubourgs des Granges et des Quatre-Vents.

On cite avec éloge la conduite de M. Champion,
curé, parfaitement secondé par son vicaire. Plusieurs fois par jour il traversait les rues inondées,
distribuant du pain à ceux qui ne pouvaient sortir.
De tous côtés on lui tendait les mains comme à un
Ange libérateur.

La chaussée du canal de Pont-de-Vaux, nouvellement élevée, a été entraînée en grande partie.

Boz (canton de Pont-de-Vaux) n'a pas échappé
aux désastres communs. La tuilerie de Porcelet,
située sur les bords de la Saone ; l'ancienne maison du tuilier, son hangar, de 25 mètres de long ;
une partie du four, les voûtes de la maison neuve,
tout s'est écroulé. Le propriétaire n'a eu que le temps
de fuir dans une barque avec sa femme et ses gens.

LOUHANS.

Quoique Louhans ne soit pas situé sur le
littoral de la Saone, il en est assez rapproché
pour occuper une place dans cette relation.

Cette ville, dominée par plusieurs coteaux, est située aux confluens des rivières de la Vallière, du Solnan et de la Seille, qui se jette dans la Saone près de Tournus.

Après quelques jours de pluie, les eaux s'élevèrent le 28 et 29 novembre à une telle hauteur, que les faubourgs de la ville furent inondés et le danger signalé sur tous les points.

Les habitans consternés ne croyaient avoir à redouter que le retour de l'inondation du 6 décembre 1825, la plus forte dont ils eussent conservé le récent souvenir, lorsqu'ils la virent dépasser de plus d'un mètre et demi. Alors tout l'espace qui sépare les collines de Châteaurenaud et de Bran fut submergé et devint un lac : au milieu surgissait un îlot contourné à l'ouest par un massif de grands arbres surmonté par un clocher.......... c'était Louhans.

Les sinistres causés par cette immense nappe d'eau sont plus faciles à concevoir qu'à énumérer.

Une fort jolie maison, construite en pisé, appartenant à M. Guillermin, s'est écroulée peu d'instans après que la famille l'eut quittée. Presque en même temps, le bâtiment de desserte du moulin de M. Sordet, et une maison considérable appartenant au sieur Janiau, éprouvaient le même sort.

A Louhans, les deux faubourgs St.-Jean et des Bordes furent envahis ; les habitans, composés principalement de la classe pauvre, furent réunis dans des Salles d'asile, nourris et chauffés.

Les magasins de M. Euvrard, contenant pour plus de 20,000 fr. de sel et une grande quantité de blé, ont été inondés à une hauteur de 82 centimètres et les marchandises perdues.

III.

MACON ET SES ENVIRONS.

Combien de fois , accoudé sur le parapet qui avoisine le pont de Mâcon , les yeux fixés sur le *saonomètre* , je me disais en voyant la barre portant l'inscription 1711 : Est-il possible que la Saone soit parvenue à un tel degré de hauteur ? Me retournant alors , et cherchant à établir un niveau approximatif , je calculais mentalement quelles avaient été les rues et les habitations envahies , le trouble et les désatres qui avaient été le résultat de cet envahissement.

J'étais loin alors de m'attendre que, le 5 novembre 1840 , la Saone aurait atteint , non-seulement la barre de 1711 , mais l'aurait dépassé d'un mètre 20 centimètres , et que les désatres que j'avais pressentis , quoique grands , n'étaient rien comparativement à ceux trop réels que Mâcon et ses environs auraient à déplorer. J'étais loin de penser que je serais spectateur et victime d'une de ces catastrophes qui semblent s'appesantir sur les hommes pour leur rappeler qu'il est au-dessus d'eux une puissance devant laquelle doit s'incliner leur orgueil.

Après quelques jours d'une pluie battante , la Saone s'éleva si rapidement , du samedi 31 octobre au jour suivant , que personne ne mit en doute un débordement considérable. Les eaux approchaient,

à l'échelle du *saonomètre*, de la barre de 1640.
— Le dimanche 1.er novembre, deux maisons de
trois étages, construites en pierres sur un pont
dont les piles furent ébranlées par des affouillemens,
s'écroulèrent dans le faubourg de Saint-Laurent-
lès-Mâcon. Nouvellement construites, elles n'étaient
heureusement pas habitées, et on n'eut à déplorer
qu'une perte matérielle. La Saone croissant toujours, la pluie ne cessant de tomber, les habitans
du faubourg précité commencèrent à déménager.
Ils furent puissamment aidés dans ce travail, que
rendaient difficile et dangereux les courans rapides
qui traversaient les rues, par MM. Bourdon et
Gossein, le premier lieutenant et le second capitaine de vaisseau au long cours. Ces officiers, habitués à braver les élémens, ont montré dans cette
occurrence ce que peuvent le courage et le dévouement. — Ce déménagement présenta un spectacle
des plus saisissans. Les moutons, les bêtes à
cornes, les volatiles étaient chassés devant de
nombreuses voitures, transportant divers effets
mobiliers. Hommes, femmes et enfans, mouillés
de pluie ou plongés dans une eau glacée, arra-
chaient à la hâte à l'inondation qui les menaçait
les effets et marchandises non encore envahies, pour
les transporter à Mâcon. Sur 1400 personnes dont
se compose ce faubourg, à peine en resta-t-il
cent dans les habitations. — Mâcon lui-même ne
demeurait pas dans l'inaction; toute la partie basse
de la ville était inondée, et chacun se hâtait de
mettre à l'abri son avoir.

Des communications interrompues par les eaux
furent cependant rétablies à l'aide de planches et

de bois solidement disposés par la compagnie des sapeurs-pompiers. On ne saurait trop louer le dévouement que montre cette compagnie dans toutes les occurrences fâcheuses, dans les plus menaçantes catastrophes. On ne saurait trop signaler le zèle et l'abnégation dont ont fait preuve, dans les terribles circonstances que je rappelle, les braves qui la composent.

Les passerelles organisées la veille par leurs soins ne pouvant suffire le lendemain, ils se jetaient à l'eau, sans égard à la température, et avaient bientôt rétabli les communications indispensables. Des maisons s'écroulaient, ils ne balançaient pas à s'exposer pour sauver non-seulement les habitans, mais encore leurs mobiliers. Disons qu'ils ont été puissamment encouragés par le digne exemple de leur capitaine, M. Motet, qui a constamment payé de sa personne dans les circonstances les plus périlleuses.

Un service régulier de barques, destinées à transporter les personnes hors des habitations inondées, et à donner des secours et des vivres à celles qui préféraient rester, fut établi par la prévoyance de M. Boutelier, procureur du Roi, parfaitement secondé par M. le docteur Bouchard, adjoint. — M. Boutelier, par sa belle conduite dans les circonstances fâcheuses d'où nous sortons, a acquis de justes droits à la reconnaissance des Mâconnais. En le constatant ici, je ne suis que l'écho fidèle de l'opinion publique.

Ces barques, desservant toutes les rues envahies, favorisèrent de nombreux déménagemens et rendirent d'éminens services.

La Saone et les vastes prairies de St.-Laurent présentèrent, le lundi 2 novembre, un aspect effrayant ; ce n'était plus qu'une vaste mer. Les brouillards , masquant l'horizon , rendaient l'illusion complète. — C'était une immense nappe d'eau étreignant toutes les habitations jusqu'au premier étage , laissant apparaître l'extrémité des arbres , charriant des bois de construction , des fragmens de bateaux , des tonneaux , des clôtures , des toits encore couverts de leurs tuiles, rappelant enfin tous les épisodes du beau tableau du Poussin représentant le commencement du déluge. Un berceau surnageait au loin , contenait-il une victime ?... L'inquiétude se peignait sur toutes les figures. Une barque était lancée , et , à la grande satisfaction des nombreux spectateurs , le berceau était reconnu vide , mais indiquait que de pauvres ménages étaient entraînés.

La nuit du dimanche au lundi fut affreuse ; la moitié de la ville de Mâcon était envahie, et les déménagemens continuaient. On n'entendait que cris et lamentations ; le tocsin qui retentissait dans toutes les communes de la Bresse , le bruit des maisons qui s'écroulaient , l'obscurité produite par le manque d'éclairage (les conduits du gaz étant obstrués) , les mugissemens des eaux, jetaient dans l'ame un sentiment d'horreur impossible à dépeindre.

Le lundi 2 novembre , les maisons formant la ligne de rue qui s'étend de la place de la Pyramide à Saint-Clément s'écroulèrent. Toutes bâties en pisé , elles s'affaissaient tout-à-coup dès que les eaux dépassaient les fondations en pierres et atteignaient la terre. La chute avait rarement lieu par partie, elle était générale et instantanée. Le malheureux propriétaire qui déménageait à la hâte, à son retour du lieu où il transportait ses effets, ne

trouvait souvent qu'un monceau de débris à la place
de l'édifice que, cinq minutes avant, il avait quitté.

Le même jour, l'eau, croissant avec une rapidité
effrayante, atteignit, à l'échelle du pont, 6 mètres
45 centimètres, où est placée l'inscription 1711,
et la plus vive anxiété se montra sur tous les
visages.

Le Préfet de Saone et Loire, M. Delmas, qui a
constamment veillé et subvenu aux besoins qui se
faisaient sentir, et au zèle duquel chacun se plaît
à rendre justice, inquiet sur le sort des populations
riveraines, se détermina à faire visiter le littoral
de la Saone. Une gondole à vapeur et l'*Hirondelle*
n.° 1 s'empressèrent de déférer à la réquisition qui
leur fut faite. La gondole, sur laquelle s'étaient
rendus MM. Lorain, juge d'instruction, Jourdan,
ingénieur, Villars, avocat, conseiller municipal,
Nièpce, docteur-médecin, et Vinsac, agent-voyer,
se dirigea successivement vers les communes de
Vésine, d'Anières et de Feillens, entièrement submergées.—Vésine et Anières, exposés à d'annuelles
inondations, ne contenant que des habitations solidement construites en pierres, ne laissaient d'inquiétude que sous le rapport des besoins que pouvaient éprouver leurs habitans; mais il n'en était
pas de même de Feillens, où les maisons, peu
sujettes aux débordemens de la Saone, étaient
toutes bâties en pisé. Lorsque le paquebot s'y
rendit, 25 habitations s'étaient écroulées, et un
grand nombre de personnes furent arrachées des
greniers où elles s'étaient réfugiées.

L'*Hirondelle*, partie en aval, montée par M. Valette,
agent-voyer, explora Arciat, Cormoranche, Griéges

et Chavannes ; dans ce dernier village une seule maison était debout ; à Cormoranche, trois ou quatre restaient encore, mais étaient menacées. Les habitans, dans des barques, cherchaient à sauver des effets mobiliers ; quelques-uns acceptèrent le refuge que le bateau à vapeur leur présentait. Au moment de son départ, le commandant du stéamer fut averti par un homme qui s'était hasardé sur un cheval, qu'une famille entière allait être ensevelie sous les décombres, si de prompts secours ne lui étaient portés ; une embarcation se dirigea sur le lieu du danger, et parvint, avec beaucoup de peine, à retirer d'un grenier quatre femmes et deux hommes qu'on arracha à une mort certaine, la maison s'étant écroulée quelques heures après.

Des cris de détresse, le tocsin incessant se faisant entendre du côté de Griéges, le paquebot, malgré la nuit qui s'avançait, s'exposa à travers les passages dangereux qu'il avait à franchir ; et lorsqu'il lui fut impossible de marcher, il lança ses embarcations. Il est difficile de se figurer l'horreur du spectacle qui vint frapper les yeux. De tous côtés, des habitations écroulées ou s'écroulant ; des ombres, sur de faibles barques, fuyant le danger ; le lugubre tintement de la cloche ; le fracas des maisons s'abîmant, répété par une foule d'échos improvisés par les eaux et suivi d'un silence de mort... ; la nuit, laissant ignorer la proximité des périls et l'étendue des sinistres... ; de temps à autre, quelques cris de détresse, quelques gémissemens du désespoir, — tout concourait à glacer d'épouvante.

Au jour, sur 56 maisons dont se composait le hameau de Jonc, 3 seulement étaient debout.

Récoltes, mobiliers, fourrages, avaient disparu sous les eaux ; le bétail et les habitans étaient sauvés.

Le mardi, de nouvelles explorations eurent lieu, et une douzaine d'hommes, de femmes et d'enfans, et une certaine quantité de bêtes à cornes furent ramenées.

Parmi tant de scènes de désolations, quelques-unes s'offrirent, je ne dirai pas plaisantes (rien ne pouvant être plaisant au milieu de pareils désastres), mais assez singulières :

Un vieillard prévoyant, comme on l'est à cet âge où l'homme s'occupe plus d'un avenir qui ne lui est pas réservé que d'un présent dont il devrait se hâter de jouir, voyant son habitation menacée, détacha le ciel de son lit et les rideaux attenans, qu'il transporta sur un monticule qu'il croyait à l'abri de l'inondation ; dans un second voyage, il réunit les vivres dont il pouvait disposer. Fixant alors au sol quatre perches, il plaça son ciel-de-lit et ses rideaux, de manière à simuler une tente. Il était tellement enchanté de son idée et de son gîte, qu'on eut beaucoup de peine à le persuader de quitter son refuge, qui fut bientôt couvert de trois mètres d'eau. — Deux cultivateurs de la commune de Griéges, surpris par l'inondation, furent trouvés le soir assis près d'un foyer que l'eau venait d'éteindre ; une seille de vin était placée entre eux deux : s'attendant à une mort prochaine et voulant s'étourdir sur le danger, ils buvaient alternativement à la poche. Les mariniers les retirèrent à moitié ivres ; et la barque eut à peine parcouru l'espace de 100 mètres, que la maison d'où ils sortaient s'abîma. — A Feillens, une femme a donné une preuve d'amour conjugal digne de Beaucis. Réfugiée sur une meule de paille, à côté de sa maison écroulée, elle attendait son mari; ne le voyant pas revenir, ne le trouvant pas parmi les personnes qui lui offraient des secours, elle le crut mort, et se jeta à l'eau : les mariniers la sauvèrent. Le mari était en sûreté, mais n'avait pu, faute de moyens de sauvetage, retourner près de sa femme qu'il croyait perdue. — Qu'on dise encore que l'amour conjugal est une chimère !

Une vieille femme infirme fut découverte dans un lit atteint par l'inondation qui mouillait sa paillasse; 6 poules partageaient le même refuge. Elle attendait son fils qui venait d'emmener le bétail. Le danger était pressant et le fils ne revenait pas. — Sauvez mes poules ! disait la vieille, *elles valent mieux que moi !* vous les remettrez à mon *fieu.* Craignant un écroulement prochain de l'habitation, on se préparait à enlever la malade avant les poules, mais elle se défendit si bien qu'il fallut que la gent volatile fût mise à l'abri avant que la vieille consentît à se laisser emporter.

Une pauvre femme restait seule avec une maigre vache et s'apitoyait plus sur le sort de sa compagne que sur le sien. *Sauvez ma vache !* était son seul cri. Comme l'embarcation, trop frêle, ne pouvait se charger du quadrupède, on s'empara de la femme, mais elle s'attacha à la queue de sa pauvre Roussette (c'était le nom de l'animal) avec des signes d'un tel désespoir que, loin d'en rire, des larmes mouillèrent les yeux des mariniers.

Le premier soin des habitans des campagnes, à l'aspect de la crue rapide des eaux, a été de mettre à l'abri le bétail; le second, de préserver leurs denrées ; le troisième , de sauver les personnes. Pour qui connaît le peu de ressources des cultivateurs , cet ordre dans les soins n'aura rien de blamâble. S'il faut souffrir de la misère , s'il faut mendier, *autant mourir !* disaient-ils.

L'inondation était parvenue , le mercredi 4 novembre , à son plus haut degré. La pluie , ne cessant de tomber , plongea toutes les populations envahies dans une profonde consternation. — Où s'arrêtera l'inondation ? Avons-nous réellement un nouveau déluge à redouter ? — telles étaient les réflexions de chacun.

Dans la journée, quelques rayons de soleil parurent à Mâcon , et furent reçus comme le phare de salut par des naufragés. L'espérance renaissait lorsque le bruit se répandit qu'une maison de trois étages, solidement construite en pierres, venait de s'écrouler dans la rue Joséphine , et que plusieurs autres menaçaient : la terreur fut au comble. Les habitans qui étaient restés dans les maisons inondées s'alarmèrent et voulurent les quitter à l'instant. Grace aux services réguliers de barques conduites par des mariniers intelligens , un grand nombre de personnes timorées furent transportées dans la partie haute de la ville.

Enfin la pluie cessa. Le jeudi, la Saone s'arrêta dans sa crudescence ; et l'espoir de toucher à la fin de tant d'horribles catastrophes vint alléger bien des cœurs et épanouir bien des figures contractées par la crainte et le désespoir.

Le vendredi, survint un vent d'est si violent, que des vagues s'élevèrent à plus de 5 mètres de hauteur. Frappant avec violence contre les portes et magasins des rez-de-chaussée, elles les arrachèrent de leurs gonds et causèrent de nouveaux ravages. De grosses barques chargées de sel venaient se heurter avec tant de force contre les parapets du quai, qu'elles en renversèrent les énormes pierres et firent craindre de les voir s'abîmer avec leur charge. Bien des maisons qui avaient résisté furent ébranlées et abattues. Sur le soir, la pluie recommença et fut reçu comme un bienfait, car l'orage s'apaisa immédiatement.

Le samedi, le dimanche et jours suivans, l'eau décrut par 24 heures de 17 centimètres (6 pouces environ). C'était bien peu au gré de l'impatience générale et comparativement à la rapidité de l'ascension ; mais cette lente diminution était expliquée par de fréquentes pluies qui ne cessèrent de tomber jusqu'au mardi 10 novembre.

A mesure que les habitations étaient abandonnées par l'eau, les locataires s'empressaient de s'y réinstaller ; et le plaisir que chacun éprouvait à revoir ses pénates ne peut être comparé qu'à la douce émotion qu'éprouve l'exilé en revoyant sa patrie après une longue absence ; et cependant le foyer domestique n'avait été quitté que pendant quelques jours : mais quelques jours passés dans la détresse et l'angoisse semblent des siècles.

L'homme est naturellement casanier : il s'attache à un meuble, à une tapisserie, à un appartement. Chez lui, l'ennui ne saurait l'atteindre ; il se trouve bien. Ailleurs fût-il mieux, qu'en dehors de ses habitudes il s'ennuie, ne sait s'occuper, s'agite inquiet ; tant est vrai le dicton : *Il n'est pas de petit chez soi.*

L'eau, en se retirant, laissait après elle un limon

jaunâtre, formé par les détritus de matières végétales, de fumier et de terre délayée ; aussi ce limon
répandait-il une odeur infecte, qui pourrait faire
craindre des maladies dans les lieux où des précautions désinfectantes n'auront pas été prises.

De retour chez lui, chaque citadin, chaque cultivateur reconnaissaient les pertes qu'ils avaient
éprouvées. Les marchandises qu'ils avaient cru
mettre à l'abri étaient tellement avariées qu'elles
n'étaient plus aptes à aucun usage. Les meubles qu'ils
avaient exhaussés avaient été atteints et souvent
emportés. Dans une maison sur le quai, une circonstance assez bizarre s'est présentée. Un citadin
avait placé sa commode sur son lit. Lorsqu'il rentra
chez lui, la commode avait disparu et était rem-
placée par une tonne d'huile. Les portes de son
habitation avaient été forcées par les vagues, et le
vase, surnageant, était venu déplacer le meuble.

A chaque exploration, un nouveau sinistre était
découvert et déterminait de nouvelles plaintes. Au
moment de l'inondation, songeant à leur conservation personnelle, les habitans avaient ressenti
moins vivement l'anéantissement de leur fortune ;
mais le danger passé, la misère se présentait avec
son hideux cortége, et les douleurs étaient plus
poignantes, les regrets plus vifs.

Un cultivateur de Feillens demeurait nuit et jour
sur le toit de sa maison écroulée. Comme il passait
dans la commune pour être riche et économe, on
ne pouvait expliquer un semblable désespoir par
la chute d'une baraque d'aussi peu d'importance.
— Quel pouvait être alors le motif de ses regrets ?
Son bétail était en lieu sûr, ses récoltes étaient

sauvées. Craignant que le bon homme n'eût perdu la raison, on se disposait à l'arracher du gîte où il oubliait le monde et jusqu'au soin de sa nourriture, lorsqu'il déclara que sous ce toit, objet de son inquiète surveillance, était enseveli le montant de longues épargnes : 10,000 francs en or.

J'ai pu juger de la peine qu'a dû éprouver le pauvre artisan, le malheureux cultivateur, lorsque son œil humide s'est fixé sur les décombres de son habitation, lorsque, le cœur serré, il s'est dit : Là sont ensevelis mon mobilier, mes récoltes, mes ressources ! là commencent ma misère et les souffrances de mes enfans !.. J'ai pu en juger par la douleur que j'ai ressentie à l'aspect de mon jardin ravagé.

Mon jardin est pour moi toute une famille ; les arbres sont mes enfans, et l'objet de mon incessante sollicitude. Je les avais plantés il y a quatre ans à peine ; ils croissaient rapidement, me donnaient de grandes espérances et déjà quelques beaux fruits. Mes arbres aujourd'hui gisent brisés sous l'étreinte convulsive des murs que j'avais placés comme des protecteurs, et qui sont devenus leurs meurtriers.

J'aime mon jardin, et, pour qui le connaît, cet amour n'a rien d'étonnant. C'est, — disons plutôt, c'était un véritable phénomène. Je l'avais formé de la sueur de mon front et de ma bourse. J'avais, au milieu d'une profonde mare d'eau, jeté tant et tant de terre, que j'étais parvenu à me créer un sol que je croyais à l'abri des inondations. J'avais une terrasse et de l'ombrage près d'une pièce d'eau, un peu capricieuse, il est vrai ; montant ou descendant, d'après la pluie et le beau temps, suivant que la Saone, avec laquelle elle correspond, croissait et décroissait. Cette correspondance m'a été fatale.

Mon jardin, mon refuge, ma distraction, n'est aujourd'hui qu'un amas de décombres. D'énormes moellons étouffent mes jeunes espaliers; mon cerisier et mon abricotier chéris, dont j'admirais la rapide croissance, gémissent écrasés par la chute d'un toit. Mon cœur s'est brisé, et, loin d'être consolé par des malheurs plus grands, j'ai ressenti à l'aspect de mon jardin anéanti, toutes les calamités qui accablent de si nombreuses familles.

Est-il un spectacle plus affligeant que celui d'une ville envahie par les eaux!... L'attention générale est fixée par la marche d'un fléau qui brave tous les obstacles qu'on lui oppose. Les habitans des rez-de-chaussée, les premiers assaillis, s'agitent et se hâtent de mettre à l'abri leurs marchandises et leurs mobiliers. Très souvent, dans l'espérance que l'eau n'atteindra pas à une hauteur considérable, ils se bornent à exhausser sur quelques planches les effets en danger; mais bientôt l'eau dépasse les limites que lui avaient assignées les hommes, et effets et marchandises s'anéantissent ou sont considérablement détériorés.

L'un, croyant éviter un déménagement toujours ennuyeux, construit devant sa porte une espèce de barrage composé de briques et de plâtre, ou d'une large planche hermétiquement scellée à l'aide de terre glaise; grace à cette précaution, qui réussit dans quelques circonstances, l'eau a déjà dépassé de 17 centimètres le sol sans pénétrer dans le rez-de-chaussée, et le citadin s'applaudit de l'efficacité de la barrière qu'il a opposée à l'inondation. Volontiers il se moquerait de ses voisins qui se donnent

4

la peine d'enlever leur mobilier ; mais bientôt, comme pour braver celui qui croit la maîtriser , l'eau sourd par tous les pores du carrelage ou dépasse la barrière qui retardait son entrée, et l'homme est obligé de céder , emportant à la hâte ce qu'il a de plus précieux.

A côté de cette imprévoyance , bien pardonnable pour qui ne sait lire dans l'avenir , se remarque l'homme prévoyant par excès. La rivière est parvenue à une hauteur inconnue jusqu'alors ; elle dépasse de plus d'un mètre les plus fortes inondations ; depuis 24 heures elle a cessé de croître , et tout annonce qu'elle va se retirer. Le prévoyant par excès , dont le domicile est situé hors de toute atteinte , à moins qu'un déluge universel ne survienne , exagérant le péril , s'empresse de mettre à l'abri des marchandises qui ne courent aucun risque dans son magasin ; il s'informe indirectement de l'élévation des montagnes voisines , avec l'intention d'aller y établir provisoirement ses pénates et sa fortune, si l'eau, depuis quelque temps stationnaire, croissait seulement de quelques lignes.

Les bruits les plus sinistres et les plus absurdes se répandent avec la plus grande facilité. — Les digues du Rhin sont rompues , disent les uns. — Le lac de Genève a fait irruption dans le Rhône, disent les autres. — Chaque citadin, inquiet, se hâte, à son lever, d'aller constater la progression de la rivière. Des courriers se succèdent, malgré l'impossibilité matérielle de toute communication , annonçant que l'eau a crû d'un mètre à Chalon ; que le Doubs va donner ; que la Seille menace de tout submerger. Ce n'est pas assez des malheurs réels, on en forge d'imaginaires : — à Chalon , le bruit se répand que Saint-Laurent et une partie de Mâcon ont disparu sous les flots; à Mâcon, on affirme que plus de deux cents maisons se sont écroulées à Lyon avec leur habitans aux fenêtres, appelant des secours. — Les sinistres sont incalculables, les victimes trop nombreuses, mais n'atteignent pas heureusement au quart de ceux et celles annoncés par la chronique, dont il est bien de se méfier en toute circonstance.

Dans une ville inondée, chaque rue est transformée en un canal navigable. D'énormes barques s'avancent lourdement où, quelques heures avant, roulaient de légers cabriolets et cheminaient de paisibles piétons. Meubles, linge et marchandises sont jetés sur des voitures, ou dans des barques, par des hommes dans l'eau jusqu'à la ceinture, et qui bravent le danger et les maladies pour arracher à l'inondation ce qu'ils croient menacé. De nombreux moyens de transport sont tout-à-coup improvisés. Un citadin réunit quelques planches qu'il maintient à l'aide d'un cordage; il veut essayer son nouveau radeau, trop maigre encore, et il s'enfonce avec lui; alors il ajoute tout ce qu'il trouve d'insubmersible, une porte, une caisse, un tiroir, jusqu'à sa table qu'il renverse; et lorsqu'après bien des essais il se voit surnageant, il s'écrierait volontiers comme César : *vidi, vici.*

L'autre prend un cuvier et une perche : enchanté de sa nouvelle barque, il engage deux de ses voisins à s'y placer avec lui; le cuvier porterait les trois personnes si l'équilibre était bien observé, mais une d'elles s'approche de l'autre, le cuvier penche, se renverse, et les trois nautonniers tombent à l'eau ; des éclats de rires universels accueillent leur chute, tant le rire est naturel au caractère français, et domine jusqu'aux sentimens de la pitié.

Plus loin, la porte d'un charcutier s'ouvre, et un saloir sillonne l'onde, transportant celui qui avait l'habitude de le remplir de jambons.

Là, un complaisant offre ses épaules à un homme simple, désireux de traverser à pieds secs un passage envahi par les eaux. Arrivé au milieu de la mare, le complaisant feint un besoin, et dépose à côté de lui son fardeau, à la grande satisfaction des nombreux spectateurs, au grand désappointement du transporté.

Ici, des planches mal assujetties trompent le piéton, qui fait un faux pas et prend un bain forcé.

Ailleurs, de ces industriels comme il s'en trouve partout où des besoins imprévus se font sentir, mettent le plus grand empressement à vous offrir leur barque ou la disposition d'un passage artificiel qu'ils ont improvisé. Vous admirez leur politesse, vous allez accepter leur offre, lorsqu'ils vous arrêtent par la réclame d'un prix exagéré. *

Dans une autre rue, une compagnie de 50 hommes, venant d'aider à des déménagemens, est surprise dans sa marche par l'envahissement de la Saone. — Les troupiers relèvent les pantalons garance et se mettent à l'eau ; mais le capitaine, bon et gros papa, sujet à certaine affection que les médecins appellent goutte, est très embarrassé. Le capitaine craint plus l'eau que le feu ; très inquiet, il jette un regard

* Ceci ne doit s'appliquer qu'à Lyon. Dans toutes les autres localités, mariniers et manœuvres ont fait preuve du plus louable désintéressement.

scrutateur sur les moyens de sauvetage employés dans
la circonstance : pas une seule barque, pas la moindre
passerelle ; une seule brouette est disponible, il la
regarde avec un œil de convoitise. — Capitaine ! dit
un *grognard* intelligent, la voiture est prête ; montez,
je vous conduirai.... L'officier hésite, mais aucun
autre véhicule n'est disponible. Il se met dans la
brouette, le *tourlourou* aux brancards, et la mare
d'eau est traversée sans accident, au grand conten-
tement et du capitaine et de sa goutte, et du soldat,
charmé d'avoir sauvé son officier.... d'un bain de
pieds dangereux.

De tous côtés, des épisodes plus ou moins bizarres
appellent forcément le sourire sur des lèvres plus
portées à peindre la douleur que la gaieté :

Une maison submergée jusqu'au 1.ᵉʳ étage menace
de s'écrouler ; d'horribles craquemens se font entendre ; des hommes dévoués, comme il s'en trouve
dans toutes les circonstances périlleuses, dressent
une échelle ; une vieille femme se présente : — Vous
êtes en danger ! hâtez-vous de prendre ce que vous
avez de plus précieux ! lui crie - t - on. — La bonne
vieille tient dans ses bras ce qu'elle a de plus cher
au monde, l'objet de ses dernières et plus tendres
affections, le seul être qu'elle aime et qui l'aime. —
Son enfant ? — Elle n'en a pas, n'en a jamais eu : elle
est encore fille. — Un chien ? — Elle a en horreur
cet ami de l'homme, qui prodigue ses banales caresses
à tout venant. — Elle tient son chat qu'elle présente
au sauveur que la Providence lui envoie. Le
pompier, déjà couvert du gravois qui se détache et
annonce la chute prochaine de l'édifice, jette indigné
l'animal dans l'eau ; sa maîtresse désolée veut, dans

*

son désespoir, partager le sort de son chéri qu'un
rapide courant entraîne, mais on la transporte en
lieu sûr ; et aujourd'hui elle est inconsolable, non
du mobilier qu'elle a perdu, ou de la calamité générale, mais de la mort tragique de son pauvre
minet. *

Une autre maison voisine va disparaître : tous
les locataires ont fui, abandonnant meubles et linge ;
une vieille marquise seule a voulu rester, ne croyant
pas au danger : on ne peut vaincre sa persistance
et son fol entêtement. L'autorité locale, dans sa sollicitude, donne l'ordre d'enlever la marquise. M. Brun
fils se dévoue ; une échelle est dressée, un siége est
établi. La vieille défend d'abord sa fenêtre, puis, se
voyant prise, se réfugie dans un fauteuil qu'elle
enlace de ses bras. Pendant qu'on cherche à la détacher, elle crie : *Au secours ! au viol ! à l'assassin !*
Sans égard à ses plaintes, on la descend ; deux
hommes consolident le bas de l'échelle vacillante dans
une barque ; la marquise les aperçoit, sa pudeur
en est alarmée ; elle murmure : *Quel scandale !* et elle
croise ses maigres jambes, afin de pouvoir dire
comme François 1.er : *Tout est perdu fors l'honneur.*

Dans un édifice également menacé, un vieux cé-
libataire ne peut mettre aucun ordre dans ses idées ;
on lui crie : Dépêchez ! dépêchez ! enlevez vos objets
de prix ! Et il se sauve emportant une paire de
bottes trouées, veuve de ses talons, et laissant son
porte-feuilles contenant une partie de sa fortune.

Que d'épisodes semblables il serait possible de
citer, si les circonstances fâcheuses qui ont déterminé

---

* Tout ce que je raconte est historique.

cet écrit, n'exigeaient pas que le plaisant n'occupe qu'une très petite place !

Dans le plus grand nombre des rues bordées de maisons solidement construites, les habitans n'ont pas quitté leur domicile. Des échelles, fixées aux fenêtres et aux balcons, remplaçaient les escaliers envahis, et favorisaient les communications ; des services réguliers, établis par les soins de l'Autorité, transportaient gratuitement dans des barques, les vivres et les personnes. A chaque fenêtre apparaissaient des figures pâles, défaites, annonçant qu'elles ne se croyaient pas en parfaite sécurité, et réclamant des secours. Un pain était tendu au bout d'une perche, des vivres ou une cruche d'eau attachés à l'extrémité d'une corde pendante. Le priseur envoyait à son voisin dépourvu de nicotiane, sa tabatière à l'aide d'un fil.

Une large planche et deux perches solidement fixées, servant de garde-fou, formaient un pont suspendu à un second étage, qui permettait aux habitans de deux maisons en face de se visiter. Plus loin, des voisins passaient sur les toits pour aller chez d'autres voisins. Des personnes qui ne se connaissaient pas, qui ne s'étaient jamais adressé la parole, liaient des conversations intimes, s'entr'aidaient mutuellement. Des familles depuis long-temps divisées se réunissaient ; tant il est vrai que le malheur rapproche les hommes, et que, si la patrie était de nouveau menacée, toutes les opinions se confondraient pour repousser le danger commun.

Que de tableaux touchans se sont succédé !.. De pauvres malades étaient descendus par des fenêtres, à l'aide de fauteuils et de cordes ; des fils transportaient dans leurs bras leur père paralysé ; et rien n'était plus triste que ce spectacle de la maladie fuyant devant un fléau plus terrible encore, l'inondation !

J'ai vu le curé de St.-Laurent, M. Richter, dont la bienveillante sollicitude ne s'est jamais ralentie pendant le cours du danger, et qui aurait acquis de puissans droits à la reconnaissance et à l'amitié de ses ouailles, si déjà il ne les possédait sans restriction ; je l'ai vu porté à califourchon sur les épaules d'un marinier, et tenant à chaque main un pain blanc qu'il destinait à deux pauvres malades qu'il allait visiter ; je l'ai vu donnant, non de stériles consolations, mais mettant son vin, ses provisions et son argent à la disposition des infortunés. — Béni soit le prêtre qui comprend ainsi son ministère !

Comme tous mes confrères, j'ai escaladé maintes échelles pour secourir et soulager des êtres souffrans, et dans mes visites j'ai assisté à des scènes que je ne chercherai pas à décrire, et qui heureusement ne peuvent se reproduire qu'en aussi déplorable occurrence. Une mère mourante contemplait de son lit quatre enfans, couchés sur le même grabat. — Je vais mourir, me dit-elle ; qui prendra soin de ces malheureux ? Je vais mourir, et comment pourra-t-on emporter mon corps ? Mes amis n'assisteront pas à mes obsèques ; je serai jetée par cette fenêtre, et portée en terre étrangère ! — Vainement je la rassurai... Comment dépeindre la sensation que faisait éprouver la descente d'un cercueil, puis une barque transportant un prêtre et un mort..... le bruit monotone et régulier d'une rame, répondant seul au chant du *requiem*!!!

Notre génération a déjà assisté à bien des événemens extraordinaires. Des trônes se sont écroulés, des dynasties ont disparu ; l'étranger a parcouru nos cités, profané nos domiciles ; le choléra nous a frappés : il nous était réservé de déplorer les désastres d'une inondation sans exemple. Sommes-nous à la fin de nos misères ? — L'horizon est encore sombre de nuages : espérons qu'un rayon de soleil viendra bientôt les dissiper ; que la concorde, fille de la liberté, saura mettre un terme à nos dissensions politiques, si préjudiciables aux intérêts communs, et que, sinon l'âge d'or, au moins une époque plus favorable aux améliorations sociales surgira des débris de tant de catastrophes.

Mâcon-ville, à l'exception du faubourg qui a été presque entièrement détruit, et de la rue Joséphine, où trois maisons se sont en partie écroulées, n'a pas eu à déplorer autant de désastres que pouvaient le faire craindre la hauteur considérable des eaux qui traversaient les rues, et les vents terribles qui ont soufflé pendant plusieurs jours.

Ses environs, dans le département de l'Ain, ont été ravagés à tel point, qu'à peine reste-t-il une ou deux maisons debout pour attester qu'autrefois des villages prospères s'élevaient où ne se remarque aujourd'hui qu'un amas de ruines.

La levée qui traverse les vastes prairies de Replonges et sert de route royale de Nevers à Genève, a été couverte de deux mètres d'eau ; les bateaux à vapeur, remorquant d'autres barques chargées, l'ont traversée sans difficulté. Les douze arches qui servent au passage des eaux débordées ont toutes été détériorées. — La Madeleine, joli village à l'est de la levée, a beaucoup souffert ; le hameau resserré autour de l'église a disparu.

Palanchon, hameau de Replonges, n'a pas conservé une maison sur trente. Onze sont tombées au village du Puits-Guillemin.

Feillens, commune plus au nord de la levée, a perdu 85 maisons ; — Manziat, 10.

A Chavannes, hameau de Crottet, il n'est resté qu'une seule maison debout, sur cinquante-huit.— A Cormoranche il en est tombé 115 ; à Griéges, 106 ; à Pont-de-Veyle, 30 ; à Lays, 6. Toutes ces communes se touchent ; en sorte que, dans un très petit périmètre, on compte 450 habitations renversées, et près de 500 familles sans asile et sans ressources.

Après l'énumération de tant de désastres, il est consolant de rappeler la conduite si digne d'éloges d'une honorable famille de Mâcon, véritable refuge toujours accessible aux malheureux. Lorsque les eaux envahissaient les quartiers bas de la ville, les dames Gardon envoyèrent un domestique à cheval pour aider aux déménagemens et engager les malheureux à se rendre à la Fonderie. M. Gardon, qui se trouvait à Lyon, arriva le 2 novembre, et son premier soin fut de fréter la gondole à vapeur n.° 5, de la charger de sel, de farines et autres alimens qu'il dirigea sur la commune de Cormoranche, une des plus maltraitées. C'était, m'a rapporté un homme de l'équipage, un touchant spectacle que celui de tant d'infortunés témoignant naïvement leur reconnaissance à leur bienfaiteur.

Dans le département de Saone et Loire, les villages riverains ont également beaucoup souffert. — A Varennes, commune distante de 4 kilomètres de Mâcon, 18 maisons ont été détruites. Les habitans, supris par les eaux, sonnèrent le tocsin. M. Fournier, de Loché, riche propriétaire, fit aussitôt atteler ses chevaux et vint avec ses voitures, dont l'une était chargée de pain, au secours des victimes. C'est à son dévouement, et à ses voitures qu'il conduisait lui-même, ayant de l'eau jusqu'au cou, qu'une foule de malheureux doivent les effets mobiliers et les denrées qu'ils ont arrachés à l'inondation, et quelques-uns même leur existence. — Il est bien de dire que M. Fournier a été parfaitement secondé par les habitans de Loché et de Vinzelles, qui ont mis le plus louable empressement à accourir au secours des inondés. — Emmenés au château avec les vivres et les hardes qu'ils ont pu sauver, ces malheureux ont trouvé dans M.lle Bierson une seconde providence.

A Crêches, commune presque attenante à Varennes, on compte 30 maisons abattues.

Saint-Symphorien a cruellement souffert : 35 habitations sont entièrement détruites, et 14 menacent ruine. La plus grande partie du mobilier, des grains et des fourrages est ensevelie sous les décombres. — La perte, pour ce village seul, est estimée deux cent mille francs.

Saint-Romain, presque en entier, a été englouti.

Dracé-le-Panoux, commune considérable, n'a pas conservé le quart de ses habitations : près de deux cents se sont écroulées.

IV.

THOISSEY, MONTMERLE, TRÉVOUX, NEUVILLE ET COMMUNES ENVIRONNANTES.

Thoissey, quoique éloigné des bords de la Saone, a payé un terrible tribut au fléau dévastateur : 125 habitations ont été renversées; l'Aumônerie a disparu. Beaucoup de maisons, minées ou crevassées, inspirent de sérieuses inquiétudes, surtout celles situées près de la Chalaronne et du canal. L'église, le collége, l'hôpital, le couvent des Ursulines, sont debout; ils n'ont perdu que des dépendances. Le 2, le 3 et le 4, beaucoup d'ouvriers étaient occupés à étayer les maisons; les bois manquaient.—Coupez les arbres de mon avenue! s'est écrié M. le comte de Valeins; ils appartiennent dès cette heure à la commune. — Et les arbres furent abattus.

Ce sacrifice n'est pas un de ceux qu'on doit le moins apprécier.

Le sieur Tavernier, brigadier de gendarmerie, est hautement signalé à Thoissey. Il n'a cessé, pendant quatre jours, malgré une pluie battante, de courir avec un char suisse attelé de son cheval sur tous les points les plus en danger, disputant et arrachant aux eaux les personnes et leurs mobiliers. Plusieurs fois il a failli être victime de son dévouement.

On cite avec le plus grand éloge M. Ducret, curé. Il s'avançait à cheval au milieu des démolitions, interrogeait toutes les ruines, en retirait les malheureux qu'il s'empressait de mettre à l'abri, et recommençait aussitôt ses recherches périlleuses.

Deux hameaux de la commune de St.-Didier-de-Chalaronne, la Platte et Bourgchanin, sont entièrement démolis ; celui de la Mérège s'est écroulé en partie.

Saint Étienne-sur-Chalaronne, situé sur le bord de la rivière, à une petite distance de Thoissey, a été submergé depuis le 30 octobre jusqu'au 5 novembre. Tous les habitans ont fui, dans la crainte d'être ensevelis dans leurs maisons. Quatre se sont écroulées. Une usine à huile a été détruite ; beaucoup de marchandises sont perdues ou gâtées. Le presbytère a été envahi ; et le curé, qui était allé porter des secours à ses paroissiens qu'il n'a quittés ni jour ni nuit, n'a pu y rentrer. Par surcroît de malheur, le pont sur la Chalaronne a été rompu, en partie emporté ; et la commune, partagée en deux, est restée quelques jours sans communication, ce qui augmentait beaucoup l'anxiété générale.

Le port de Belleville a été rasé ; on n'a pu sauver les marchandises qui se trouvaient dans les nombreux et vastes magasins que présente cette localité. On porte à 150 le nombre des maisons détruites. — On cite M. Ladouce, brigadier de gendarmerie, parmi les personnes qui mériteraient d'être signalées.

A Guerreins, les ravages n'ont pas été moins considérables : 40 habitations ont été renversées.

A Montmerle, depuis les Curiats jusqu'à la Planche-de-Lurci, tout a disparu. A peine reste-t-il le tiers des habitations de cette vaste commune, si renommée par les foires qui s'y tiennent tous les ans au mois de septembre, et qui durent quinze

jours. — Il est constaté qu'il est tombé à Montmerle 289 maisons. — L'élégante construction de
M. Perraud a conservé sa façade en pierres ; c'est
le seul pan de mur resté debout. — Le bâtiment
carré destiné à recevoir les étalages et les baraques
de la foire, quoique bâti en pierres jusqu'au premier étage, s'est écroulé un des premiers avec un
horrible fracas. Cette chute a été un avertissement,
mais il était déjà trop tard pour sauver toutes les
marchandises exposées. Deux magasins de blé,
dans toutes les caves une grande quantité de vin,
dans un grand nombre de maisons récoltes et mobilier, tout a été englouti. Les habitans se sont
réfugiés en partie dans l'église, qui est encore
remplie de meubles et de provisions ; et, comme il
est impossible de reconstruire avant le printemps,
un grand nombre de malheureux se trouvent sans
asile.

Pendant l'inondation, M. Claudius Perraud, dont
le zèle ne s'est pas ralenti un seul instant, avait
organisé un service de barques, qui a été d'une
grande utilité.

Messimy s'est trouvé dans le même état de détresse. Toutes les maisons qui avoisinaient la Saone
ont été renversées.

Le port de Rivières n'existe plus. — Soixante
maisons ont disparu. Il n'est resté qu'un four à
chaux construit en pierres.

La Saone a détruit presqu'en entier le joli village de Beauregard, et a renversé un grand
nombre des maisons de Fareins-lès-Beauregard. Le
dimanche 1.er novembre, la rivière était arrivée à
la hauteur de ses plus grandes eaux, et tout devait

faire croire que sa crue périodique était terminée.
Mais la pluie continuant et la Saone s'élevant toujours, la sécurité des habitans fut menacée. Grace
au ponton du bateau à vapeur et à de grosses barques
qui pouvaient arriver dans la grande rue, grace surtout au concours empressé des habitans de Fareins,
encouragés par l'exemple de leur maire, M. de
La Ferrière, et de M. Merlino, membre du conseil-
général de l'Ain, les déménagemens purent s'opérer,
à Beauregard, sans accident. A peine les maisons,
toutes construites en pisé au-dessus de leurs fondations, furent-elles évacuées, qu'elles s'abîmèrent,
et le village disparut.

On cite avec éloge MM. de La Ferrière, Merlino
et Bouchet. On a vu le premier, dans l'eau jusqu'à
la poitrine, apporter sur ses épaules et déposer sur
le rivage un vieillard à qui l'âge et la maladie inter-
disaient l'usage de ses membres et par conséquent
tout moyen de salut.

Pendant l'inondation de La Guillotière, un homme
est devenu fou à la suite de la mort de sa femme,
qu'il avait vue périr sous ses yeux. Un événement
du même genre, et plus fâcheux encore par ses suites
affreuses, est arrivé à Fareins-lès-Beauregard et a
ajouté à la désolation d'une population déjà consternée :

Un soldat du détachement de voltigeurs envoyé
à Trévoux, et qui était de service à Beauregard,
sur les bords de la Saone, devait, sa faction finie,
rentrer, à la nuit tombante, chez M. de La Ferrière, où le poste était logé. Il était neuf heures
du soir, lorsqu'il frappa à une maison déserte :
personne ne répond ; il se dirige alors vers une

écurie où il aperçoit du feu. Trois femmes étaient occupées à *teiller*. Le soldat entre, les yeux hagards, donnant des marques de transport et de fureur ; il se dirige vers une pauvre fille de cinquante ans, Catherine Trèves, lui adresse vivement des questions auxquelles elle ne peut répondre qu'en patois inintelligible pour lui. Puis il lui recommande de se mettre à genoux, de demander à Dieu pardon de ses fautes. A peine la malheureuse est-elle tombée, éplorée et suppliante, qu'il lui plonge sa baïonnette, à coups réitérés, dans la tête et la poitrine. Sa fureur se porte ensuite sur une vache qu'il transperce de plusieurs coups avec tant de force, que son arme se brise en ses mains.

Les deux autres femmes, effrayées, s'étant enfuies, réclamèrent des secours. Un jeune homme saisit une fourche et porte à ce furieux deux coups violens. Enfin on accourt avec de la lumière et l'on trouve le soldat étendu, la face contre terre, les yeux égarés et presque inanimés. On s'empare de lui, on le transporte devant le maire.

Cet homme a donné, toute la nuit, des signes de folie, faisant mettre à genoux les domestiques, chantant des psaumes, appelant son père et sa mère. Le lendemain, lorsqu'il est plus tranquille et que son crime lui est raconté, il se frappe la tête avec désespoir : — *Mon Dieu !... cela n'est pas possible !... moi qui me suis toujours bien conduit !...* En effet, Bouchet, c'est le nom de ce soldat, né dans le département du Nord, avait une conduite exemplaire au régiment. Depuis cinq ans, il n'était pas allé une seule fois à la salle de police.

Cet accès de folie ne peut s'expliquer que par le séjour prolongé des pieds dans une eau glacée et par quelques verres de vin , après lesquels Bouchet avait été emporté , disait-il , par un tourbillon.

Frans et Riottier n'ont pas été épargnés ; le premier a perdu 10 habitations , le second 12.

Toutes les maisons , toutes les fermes qui étaient dans la plaine de Chamalan , sont rasées.

La partie basse de Trévoux a été entièrement inondée ; le plus grand nombre des maisons du quai n'ont pu résister à l'action des eaux. — Du 2 au 3 novembre , à chaque instant on entendait l'horrible craquement d'une habitation s'écroulant ; vingt-une ont été détruites. On a été obligé de déménager l'hôpital ; heureusement les mobiliers ont été sauvés en grande partie , et on n'a que des pertes matérielles à déplorer.

On parle , à Trévoux , avec admiration du sieur Forest , pontonnier. Le plus grand nombre des habitans de la plaine de Chamalan et du village de Varennes , où sont tombées 45 maisons , lui doivent leur salut. Songeant à peine à prendre quelque nourriture , bravant la pluie et le danger , conduisant de grands bateaux , il est resté deux jours et une nuit sans changer de vêtemens , et n'est rentré qu'après avoir mis en sûreté les personnes et tout le bétail.

On cite également l'ardente charité de Mme Guichard , de Revérieux , qui habite Trévoux. Cette dame a recueilli un grand nombre de naufragés et n'a pas hésité à faire abattre un pan de son mur de clôture pour les recevoir et leur prodiguer secours et consolations.

Rieux , Parcieux et Massieux ont peu souffert , comparativement : ils comptent 9 maisons détruites.

A Neuville-sur-Saone, les eaux sont montées jusque dans l'église, au niveau du maître-autel. Toutes les habitations situées sur le bord de l'eau ont été rasées. Le faubourg du Four-à-Chaux, qui contenait, dans les greniers et magasins, une quantité considérable de froment et d'avoine, a été entièrement détruit.

Une dame, surprise par l'inondation dans son magasin, est morte instantanément de frayeur.

Fontaine a été complètement submergé et 12 habitations se sont écroulées ; la partie inférieure a particulièrement souffert.

Toutes les maisons nouvellement construites, dans la plaine de la Caille, sont abattues, à l'exception d'une seule bâtie en pierres.

Dix habitations importantes sont renversées dans les communes de Caluire et de Cuire.

Enfin, pour résumer par un chiffre l'épouvantable désastre causé par l'inondation, j'ajouterai que le nombre officiel des maisons détruites sur les bords de la Saone dépasse *deux mille*.

Je viens de parcourir le littoral, et c'est encore sous l'impression accablante des sinistres sans nombre qui se sont déroulés sous mes yeux, que je trace les lignes suivantes :

Quel horrible spectacle que celui des ravages causés par l'inondation !... La plume la plus exercée ne saurait en retracer le saisissant tableau. De tous côtés des ruines, d'innombrables habitations lacérées ou complètement anéanties ; des meubles brisés et abandonnés sur la rive ; les clôtures, les haies, les arbres renversés ; puis, comme des voiles de deuil, des lambeaux de vêtemens suspendus à leurs branches...

Plus de ces verdoyantes prairies..... elles sont couvertes d'un noir limon ou transformées en mares infectes.

Les chemins ont disparu, les berges sont labourées. Un élégant stéamer, à l'allure si vive et si légère, trompé par un épais brouillard, s'est égaré; surpris par le retrait de la Saone, immobile et penché, il semble souffrir comme un habitant des eaux arraché de son élément, et attendre avec impatience que des mains amies et puissantes viennent le remettre à flot.

Des bateaux déchirés gisent çà et là dans les terres, comme les tristes témoignages de l'étendue du débordement et de ses déplorables conséquences... c'est affreux!...

Près de ces nombreux villages entièrement anéantis, apparaissent quelques habitans à la figure hâve et consternée, arrachant aux décombres les tristes débris de leur mobilier. Mais quel travail, grand dieu!!! Chaque coup de pioche exhume un souvenir et ouvre une plaie! Chaque jour de ce pénible labeur amène l'anéantissement d'une espérance!

Pitié!.. pitié pour tant d'infortunes!...

V.

LYON

ET SES ENVIRONS.

Malgré l'incrédulité qui accueille ordinairement les prophéties, on est parfois obligé de reconnaître une coïncidence singulière entre les faits prédits et leur réalisation.

Dans le courant de l'été 1840, il n'était bruit à Lyon que d'une pierre prophétique située près d'une des arches du pont de La Guillotière. De nombreux curieux allaient la visiter ; et comme une barque était nécessaire, les mariniers rendaient grace à la présence du silex miraculeux, et renchérissaient sur les *on dit* de la crédulité publique, dans le seul but de rendre les recettes plus abondantes.

Sur cette pierre, qui depuis 1711 était restée dans l'oubli, c'est-à-dire au fond de l'eau, se lisait (avec les yeux de la foi) la sinistre prédiction qui suit :

Qui m'a vu a pleuré,
Qui me verra pleurera.

Aux mois de mai, juin, juillet, époque où la *pierre* jouissait d'un grand crédit, les incrédules riaient, attendant dans la plus parfaite sécurité la réalisation de la sinistre prophétie.

Cette réalisation ne s'est malheureusement pas fait attendre : — un débordement du Rhône et de la Saone, comme l'histoire en cite à peine un exemple, est venu jeter la consternation dans la seconde ville de France, si souvent éprouvée par de grands désastres.

Le 30 octobre, le Rhône, enflé par tous ses affluens, depuis la Valserine jusqu'à la rivière d'Ain, s'éleva à une hauteur extraordinaire. A dix heures du matin, il parvenait au-dessus de la ligne de flottaison où il se trouvait le 17 février 1812, et qu'il n'avait jamais dépassée depuis cette époque. Cette ligne était placée à 5 mètres 22 centimètres au-dessus de l'étiage à l'échelle du pont Morand ; à 5 mètres 20 centimètres au pont de La Guillotière : ces deux mètres de différence s'expliquent par la pente du lit du fleuve. En 1840, les eaux l'ont dépassée de 35 centimètres.

Le même jour, vers deux heures du matin, la digue de la Tête-d'Or avait été emportée sur une longueur d'environ 100 mètres, et le Rhône se précipitait par cette large brèche. On a répandu le bruit qu'un officier du génie, faisant sa ronde dans la nuit du 30 au 31, avait vu des hommes travaillant, à l'aide de pioches et de pêles, à rompre cette digue ; que ces travailleurs nocturnes étaient des habitans de la commune de Vaux, située plus en amont, qui, voyant leurs habitations inondées, avaient voulu donner une large issue au fleuve. — Une instruction est commencée sur ce fait, véritable crime par les fâcheuses conséquences qu'il pouvait avoir.

Avant cette rupture, les eaux du Rhône refluant dans les Brotteaux ne présentaient pas des courans rapides, et le sauvetage des effets et des personnes pouvait s'opérer facilement ; mais aussitôt que la digue fut rompue, le fleuve s'élança furieux, renversant sur son passage une foule de constructions en briques et en pisé. — La Tête-d'Or, les Charpennes, la Cité-du-Rhône, Villeurbanne, les Brotteaux, la Buire, la Guillotière, la Mouche, furent envahis par des masses d'eau.

De nombreuses scènes de désolation se succédèrent. — Là, une mère fuyait dans l'eau, emportant son enfant et n'osant s'avancer aussi rapidement qu'elle l'eût désiré, dans la crainte de trouver la mort dans quelque bas-fonds. — Plus loin, des malheureux, grimpés sur les toits, appelaient des secours que personne n'osait porter... chacun fuyait. — Neuf personnes se réfugièrent sur un arbre ; les eaux en minaient le pied, la position était horrible : déjà l'arbre, par des mouvemens plus fréquens, annonçait qu'il allait être entraîné, lorsque des personnes dévouées arrivèrent avec des barques et sauvèrent ces malheureux.

Le jour vint éclairer cette scène de désolation. Le Rhône montait toujours ; il avait une lieue de largeur ; toute la plaine était couverte. Les quais de la Charité, la chaussée Perrache étaient devenus navigables ; la place Bellecour et les rues adjacentes étaient en partie envahies.

Aux Brotteaux, les eaux allaient jusqu'aux abords de la place Louis XVI. Le cours Morand, grace à son élévation, n'était pas submergé ; mais à l'endroit où commence l'allée des Charpennes, le fleuve se précipitait comme un torrent impétueux. Des files de maisons construites en pisé et détrempées à leur base s'écroulèrent presque simultanément ; 231

dans la plaine de la Guillotière, 61 dans la partie nord des Brotteaux, 170 dans la partie sud tombèrent le même jour.

Samedi 31, la digue insubmersible du port en aval du pont de la Guillotière fut déchirée, et par la brèche s'établit un courant qui renversa 38 maisons dans la plaine de la Buire.

L'usine du gaz de la Guillotière, construction cependant faite avec solidité, fut en partie détruite au milieu de la nuit, au moment où une nombreuse population s'agitait pour sauver et les fortunes et les personnes. L'obscurité subite qui en fut le résultat ajouta à la consternation publique. — Les forts étaient cernés de toutes parts, et on organisa un service pour porter des vivres aux troupes qui y étaient enfermées. — Quatre moulins et une usine à blanchir les draps, stationnés le long de la chaussée de Perrache, furent entraînés par le courant qui avait brisé chaînes et cordages. Les gardiens et les hommes employés dans ces usines sont parvenus à s'échapper.

Le nombre des victimes n'est pas encore connu, et M. Kauffmann, dans le récit de toutes les inondations de Lyon, qu'il vient de publier au bénéfice des submergés, raconte les épisodes suivans, qui seraient affreux s'ils étaient vrais dans toutes leurs parties :

« Quelques-uns des malheureux qui habitent des maisons à demi-détruites opposent de la résistance à ceux qui vont les chercher et refusent de les suivre. Deux des bateliers improvisés, à qui la population doit tant de reconnaissance, trouvent un homme sur le seuil d'une maison déjà en ruines. Ils le pressent de venir avec eux. — « Où voulez-vous que j'aille ? dit le malheureux. Ma femme vient d'être emportée par le courant, mes deux enfans sont noyés ; ce n'est pas la peine de vivre comme ça, je reste ici. » Les bateliers en s'éloignant voient la maison s'écrouler sur lui.

« Un citoyen dévoué parcourait le cours Bourbon avec deux bateliers dont les efforts venaient difficilement à bout d'empêcher la barque de se briser contre les arbres ; ils allaient recueillir les habitans dans leurs demeures envahies par les eaux. « Vous avez donc peur ? » leur crie un de ces hommes confiant dans la solidité de sa baraque, ou plein d'une fatale insouciance, ou cachant le désespoir sous l'apparence de la sécurité. Il fallut s'éloigner sans lui. Le lundi matin le même citoyen et les mêmes bateliers parcouraient le même cours, examinant les désastres. « Voyez-vous, lui dit l'un d'eux, la maison où nous sommes venus avant-hier ? — Oui, elle est tombée ; et l'homme ? — Il est là. — Comment, là ! — Oui, dans ce trou ; quand l'eau décroîtra, nous trouverons son cadavre. »

« Sur le chemin de la ferme de la Tête-d'Or, un vieux tailleur allemand, nommé Hermann, habitait avec son chien une petite cabane de bois, haute comme une guérite, qu'il avait plantée là, derrière la haie. Dans la nuit, son chien se mit à aboyer et sauta sur le lit. Hermann, éveillé en sursaut, entend un bruit étrange, s'élance de sa couche et se trouve sur le plancher les jambes dans l'eau. Épouvanté, il monte sur sa table ; bientôt elle chavire ; il grimpe sur sa commode,

le toit est si bas que le pauvre vieux, tout courbé,
touche le plafond avec le dos; la commode est
mise en mouvement par l'eau qui croît toujours,
Hermann tombe. Il n'y avait plus de salut pour lui
s'il restait là; il se jette à la nage, s'accroche à la
haie, le courant l'emporte; il nage encore et saisit
une branche de saule, la branche casse; il nage de
nouveau et enfin atteint un arbre, l'étreint avec
force et demeure là, le pauvre vieillard de soixante-
dix ans, en chemise, dans l'eau, jusqu'au matin à
huit heures que le nommé Dumont vient le sauver
dans son bateau. Sa cabane, enlevée sans être dé-
molie, avait passé dans le chemin, tout près de
lui.

« A Champ-Fleury, sur le chemin de Villeurbanne,
dans une maison bâtie à l'italienne au milieu d'un
jardin charmant, habitaient deux personnes, le
mari et la femme. Quand l'eau envahit le jardin,
ils firent entendre des cris de détresse; on vint à
leur secours avec un bateau; mais ils espérèrent
et ne voulurent point quitter leur habitation. Quelques heures plus tard, la maison, quoique élevée
à plusieurs pieds, était envahie par les eaux; la
hauteur de la maçonnerie était dépassée, le pisé
était atteint, la maison tremblait; les malheureux
époux coururent sur la terrasse et poussèrent de
nouveaux cris, mais alors il s'était établi dans le
chemin un courant d'une effrayante rapidité, personne ne vint; la terrasse craquait sous leurs pieds;
on les vit se jeter dans les bras l'un de l'autre et
tomber; la maison s'affaissait : il n'en reste pas ves-
tige. Les deux cadavres se retrouveront peut-être
dans un coin du jardin où l'eau en tourbillonnant
les aura jetés.

« Dans la nuit, une femme qui avait perdu son mari et son enfant s'échappe de la maison où on l'avait recueillie et se précipite dans le Rhône, du haut du pont de La Guillotière. »

Dans la nuit du 31 octobre au 1.er novembre, les eaux du Rhône, après avoir exercé d'affreux ravages, et renversé, de la Tête-d'Or à la Mouche, près de 300 maisons, commencèrent à décroître. Mais ce fut le tour de la Saone, qui continua de grossir dans une proportion effrayante. Le quai St.-Antoine, dont l'exhaussement est depuis si long-temps désiré, fut le premier envahi. Habitués aux visites trop fréquentes de la rivière, et ne prévoyant pas une crue aussi considérable, les habitans des rez-de-chaussée espéraient défendre leurs domiciles à l'aide de barrages; mais les eaux croissaient avec une rapidité telle qu'ils y renoncèrent et se hâtèrent de mettre leurs effets et marchandises en lieu sûr. Quelques-uns furent assez prudens et assez heureux pour les enlever; mais le plus grand nombre, ne s'attendant pas à une semblable inondation, se bornèrent à les exhausser à l'aide de planches et rayons placés à quelques pieds du sol. Les marchandises sont aujourd'hui perdues ou considérablement détériorées.

Les quais de Pierre-Scise, de Bourgneuf, de Bondy, de la Baleine et de l'Archevêché, d'un côté; le quai de Serin, le port Neuville, les quais Saint-Benoît, Saint-Vincent, d'Orléans et Villeroi, les places de la Préfecture et de Bellecour, de l'autre, furent bientôt couverts de plus d'un mètre d'eau.

Le lundi 2 novembre, tomba la première maison de Vaise, sur la place de la Croix. La Saone crois-

sant toujours rapidement, chacun se hâta d'enlever
ce qu'il avait de plus précieux. — Le mardi, et
jusqu'au mercredi soir, les écroulemens se succédèrent. Il a fallu employer plusieurs fois la force
pour arracher des individus de leurs habitations
menacées.

Après la Pyramide, sur la route du Bourbonnais,
la plupart des maisons, dont quelques - unes de
quatre ou cinq étages, construites en pierres sur
la façade et en pisé par-derrière, se sont écroulées :
la terreur fut au comble. Sur 8000 habitans qui
composaient la population de Vaise, à peine en
resta-t-il 200 dans leurs domiciles.

Une pension tout entière, de 60 enfans, s'était
réfugiée sur les toits ; et ce ne fut pas sans courir
de grands dangers que des mariniers dévoués parvinrent à les sauver.

Comme si tous les fléaux se fussent à la fois dé-
chaînés, — tandis que des maisons s'écroulaient
sapées par l'eau, d'autres brûlaient, sans qu'il se
présentât la moindre possibilité de leur porter
secours. La fabrique d'orseille de M. Peters a disparu par l'effet de l'incendie.

Outre l'inondation et l'incendie, un troisième
fléau est venu menacer les habitations. Des bandes
de voleurs, semblables à des troupes de chacals dé-
terrant des morts, se sont jetées sur les décombres,
s'emparant de tout ce qui tombait sous leurs mains,
et résistant même par la force au petit nombre de
surveillans placés trop tardivement par la police.

Les habitans de Vaise attribuèrent à l'obstacle
des ponts une crue si effrayante, et demandèrent
à grands cris qu'ils fussent abattus. Plus de 300

pièces de bois, entraînées des chantiers voisins, étaient venues s'enchevêtrer dans les arcades et pouvaient, en effet, ralentir le cours de l'eau : le maire insistait. Mais on lui fit comprendre que, ne pouvant enlever les ponts par enchantement, on aurait, au lieu d'un barrage ouvert, laissant encore circuler l'eau, un barrage complet, formé par les débris et les pièces de bois ; barrage qui obstruerait entièrement le cours de la rivière et la ferait refluer avec bien plus de force encore sur les habitations voisines.

Le lundi soir, le pont de la Mulatière, le pont de Chazourne, la passerelle St.-Vincent furent emportés. — Le mardi, le pont de Seguin éprouva le même sort ; et le moment de sa chute a été celui d'une indicible terreur pour les habitans des deux quais de la Saone qui n'avaient pas fui leurs habitations où étaient spectateurs. Ils craignirent que le tablier n'obstruât les arcades du pont Tilsitt et ne causât d'affreux désastres. Mais tout cet immense débris disparut en un clin-d'œil dans le gouffre formé par les arches pour sortir, divisé en mille pièces, du côté opposé.

Le pont de la Mulatière a été entraîné à diverses reprises, et un incident assez dramatique a marqué la chute de ses derniers débris. Un bateau à laver, monté par trois hommes, se détacha de la Quarantaine et vint se heurter contre trois arches de la rive droite, les seules qui restassent debout. Ces malheureux se jetèrent sur le pont au moment même où il était abordé par le bateau, sur la terrasse duquel ils étaient montés, et gagnèrent la terre en toute hâte. A peine eurent-ils touché le rivage

hospitalier, que deux de ces arches furent emportées.

Nous reproduisons textuellement la description
vive et saisissante que le *Censeur* a faite des ravages
de la Saone à Lyon depuis le mardi 3 jusqu'au
vendredi 6 :

Mardi soir, quatre heures. — Les eaux, qui
s'étaient élevées de dix à douze pouces depuis les
neuf heures du matin, semblaient être enfin arrivées au plus haut degré de leur accroissement ; à
trois heures, elles étaient encore stationnaires, et
nous espérions les voir bientôt commencer à se
retirer, lorsque, au contraire, nous les vîmes
s'élever de nouveau avec rapidité. La pluie conti-
nuait à tomber, le ciel s'assombrissait de plus
en plus. Il nous est impossible de décrire l'aspect
que présentait la Saone dans le vaste bassin ren-
fermé entre le Pont-de-Pierre et le pont Tilsitt,
de trois à quatre heures du soir. Plusieurs bateaux
de charbon, jetés presque coup sur coup contre
les piles du Pont-de-Pierre, roulaient devant nos
yeux, ainsi que des cadavres mutilés, déchirés par
les flancs, puis disparaissaient, laissant à la surface d'immenses taches noirâtres.

Plusieurs bateaux de charbon de terre viennent
de descendre ; ils ont fait une brèche dans le tablier
du pont suspendu de la Feuillée. Il a balancé un
instant et a repris son aplomb ; il faut qu'il soit
d'une solidité extraordinaire pour avoir résisté
à ce rude choc. — Deux pavillons et une terrasse
chez M. Mante, à la Quarantaine, sont emportés.

De six à sept heures. — La pluie bat avec une
extrême violence, et les eaux s'avancent rapide-

ment dans des rues peu habituées à leur envahissement. A huit heures, la pluie cesse ; la lune, perçant
les nuages, dispute péniblement à la lumière mou-
vante et enfumée des torches le soin d'éclairer le
plus sombre tableau que nous ayons jamais eu sous
les yeux.

Un bruit épouvantable se fait entendre sur la
Saone, dans la direction du pont d'Ainay. Il est
impossible de deviner ce que ce peut être.

On entend des craquemens affreux du côté de la
Quarantaine, et, au milieu, un bruit qui ressemble
à des cris aigus. Est-ce le sifflement des flots qui
battent les rives, sont-ce des cris humains ? il est
impossible de le distinguer; — les craquemens font
penser que quelque maison tombe ou que l'un des
ponts s'en va. On ne connaîtra le désastre que
demain matin, quand il fera jour. C'est une affreuse
nuit d'anxiété et de terreur à passer.

Le pont d'Ainay reçoit à chaque instant de rudes
secousses, mais il est intact ; un homme portant une
torche le parcourt de temps en temps avec lenteur,
il semble examiner s'il court quelque danger.— Il
s'élève de la presqu'île de Perrache des bruits affreux.

Huit heures. — Le vide contenu entre le niveau
de la Saone et le point circulaire le plus élevé des
arches du Pont Tilsitt n'est plus guère que de 70
centimètres ; les flots s'avancent parallèlement sur
les deux quais presque jusqu'aux abords; à gauche,
du côté de Bellecour, les flots commencent à gagner
le seuil de la maison formant l'angle de la rue Louis-
le-Grand, et l'eau a pénétré sur la place par la
rigole.

Près du Pont-de-Pierre, la rue St.-Côme est

sur le point d'être envahie jusqu'en face de la rue Tête-de-Mort.

L'inondation gagne, dans presque toute leur étendue, la rue Poulaillerie, la rue Dubois et la rue Grenette, et avec elles toutes les rues transversales. Au-dessus de la rue Dubois, l'eau commence à déboucher faiblement sur la place des Cordeliers par la rue de la Gerbe, de la rue Grenette dans la rue des Générales et la rue Bonneveau, de là dans la rue Port-Charlet.

Dix heures. — Ces trois dernières rues sont complètement envahies dans toute leur étendue ; un canal, qui a son issue dans le Rhône et dont l'embouchure est fixée à l'angle de la rue Grôlée, voisine de la rue Port-Charlet, ne suffit plus à absorber les eaux ; les rue Grôlée et Blanchère sont obstruées dans toute la largeur de leurs entrées.

L'inondation s'élève à vue d'œil ; si elle ne s'arrête pas dans la nuit, Dieu seul sait combien de désastres se seront encore ajoutés jusqu'à demain aux incalculables désastres déjà consommés ! Nous frémissons d'y penser, et nous nous demandons si la guerre fut jamais pour Lyon un si terrible fléau !

L'inondation n'est pas encore le seul malheur à déplorer ; l'incendie vient s'y joindre. A l'Observance, presque en face du pont de Serin, le feu se manifeste dans la fabrique d'orseille de M. Péters, autrefois fabrique Bourget. Les secours ne peuvent arriver qu'avec les plus grandes difficultés. Ainsi, au même endroit, le rez-de-chaussée est inondé et les étages supérieurs sont en feu. La flamme de l'incendie se réflète sur la Saone, c'est affreux.— On entend craquer et tomber les maisons de Vaise.

Mercredi matin, sept heures. — La Saone monte encore ; elle s'est élevée beaucoup durant la nuit. La pluie n'a pas recommencé, le temps est beau, mais le vent du midi souffle toujours. Les bruits, les craquemens d'hier soir s'expliquent : le milieu du pont Chazourne a été emporté ; la maison du restaurateur Mante, à l'enseigne du *Vaisseau*, à la Quarantaine, qui, dans la journée, avait perdu sa terrasse et ses deux pavillons, a été éventrée ; à chaque instant le courant agrandit l'ouverture. Cette maison avait été fracturée en avril par les projectiles de la troupe, qui l'avait prise pour point de mire. On y comptait une vingtaine de boulets rangés par ordre au-dessus de la fenêtre du balcon, dans la grande salle. Cette grande salle n'existe plus. — Une autre maison en amont du pont d'Ainay, sur la rive droite comme celle de M. Mante, a, dans la partie inférieure qui est baignée, une large ouverture.

La place des Cordeliers ne forme plus qu'un lac. La rue Poulaillerie, la rue Dubois et la rue Grenette portent bateau d'une extrémité à l'autre. Sur toute cette ligne, les rues transversales forment autant de torrens dont l'un va se perdre sur la place des Cordeliers par la rue Buisson, tandis que les autres courent se précipiter ensemble dans le Rhône par le Port-Charlet.

Une immense nappe d'eau couvre la place Bellecour et la place des Jacobins dans toute leur étendue ; les eaux forment leur jonction par la rue St.-Dominique. La cour de la Préfecture est envahie.

La Saone est toujours couverte de débris : les sinistres arrivés dans la partie supérieure de la ville, et qu'on ne peut vérifier, doivent être considérables. Un bateau vient de se jeter contre les chaînes de la passerelle Saint-Vincent, seul débris qui fût encore debout ; il les emporte et va se briser avec elles contre le Pont-de-Pierre, dont les deux premières arches occidentales sont presque bouchées.

Huit heures. — Toute la partie orientale du pont Chazourne, vient d'être enlevée : le pavillon le sera bientôt. L'eau passe par-dessus le cours du Midi et se précipite avec un incroyable bruissement dans les parties basses de la presqu'île. Le Champ-de-Mars, inondé par le Rhône, l'est encore par la Saone ; le peu de maisons qui restaient debout ne peuvent résister au choc et s'écroulent. Le tablier de la partie orientale du pont Seguin est emporté.

De tous côtés circulent des fiacres, des charrettes et des bateaux chargés de gens qui s'enfuient précipitamment, emportant à peine quelques hardes. Tous les visages sont empreints d'une consternation profonde.

L'eau est dans l'église de la Charité ; elle s'avance au loin dans les rues de la Charité, de St.-François et Boissac ; elle va, par la rue de l'Arsenal, jusqu'auprès de la place Saint-Michel ; elle court dans les rues Sala et de la Sphère. Du pont de La Guillotière au pont Tilsitt, c'est un vaste lac fort dangereux.

Neuf heures. — Des commissaires de police parcourent en bateau le théâtre de l'inondation ; ils annoncent que l'autorité a reçu de Gray et de Chalon l'avis que la crue a cessé et que les eaux commencent à diminuer ; ils invitent, en outre, les habitans qui ont besoin de secours à les en instruire.

Cependant l'inondation augmente toujours sensiblement ; nous passons en bateau devant la rue des Souffletiers, et nous ne voyons plus du corps-de-garde de la *Mort-qui-trompe* que sa toiture, et des arbres qui l'avoisinent que les dernières branches de leur cime. La Saone est couverte de débris. Le port est nu ; tous les bateaux chargés de houille qui le garnissaient encore hier dans la soirée ont disparu.

La Mairie a fait afficher un placard dans le but de tranquilliser les habitans de Lyon.

Dix heures. — Un effroyable craquement vient d'avoir lieu dans la charpente du pont d'Ainay ; toutes les personnes qui s'y étaient arrêtées s'enfuient : on ne le traverse plus qu'à pas pressés. Le tablier de la grande travée du pont Seguin est enlevé ; il passe en entier sous le pont Tilsitt et vient se briser contre le pont d'Ainay. La Saone est couverte de débris : l'immense quantité de grosses pièces qui la sillonnent ne permet plus de douter que les chantiers de Vaise n'aient été emportés.

Une pile du pont de la Mulatière vient d'être renversée ; elle a entraîné la chute de deux arches. La route du chemin de fer se trouve ainsi coupée. Les communications avec Saint-Étienne ne pourront plus avoir lieu qu'en faisant un immense contour.

Midi. — La Saone se couvre de charbon de bois ; de nouveaux bateaux viennent de périr. L'eau croît toujours ; elle se déverse dans le Rhône par le quai de la Charité, le quai Bon-Rencontre, le Port-aux-Pierres. La circulation, un moment rétablie au

moyen de petits ponts volans, est bientôt interrompue par la violence des eaux. La ville ne forme
plus qu'un vaste lac, depuis l'église de Saint-Nizier
jusqu'à la rue Sala, depuis le cours du Midi jusqu'à
la Mulatière. Quelques centaines de mètres sont
libres seulement entre le cours et la rue Sala,
mais déjà la rue Vaubecour commence à être
inondée. Un bateau à laver de la Quarantaine est
enlevé; la maison contre laquelle il était amarré a
une large brèche; il emporte ce qui reste du pont
Chazourne; trois hommes qui le montaient se sauvent
sur les débris du pont.

A l'autre extrémité de la ville, l'eau passe
par-dessus le pont de Serin; d'immenses débris
de bois, de bateaux, viennent le heurter sans
l'ébranler. Les entrepôts de vins de Serin sont tous
inondés, la plupart sont tombés; le dégât est
affreux, les pertes immenses. La fabrique d'orseille
brûle toujours; les pompiers travaillent au bruit
que font en s'écroulant les maisons de Vaise.

Les *Omnibus* d'Ainay, qui avaient établi leur
parcours par le quai du Rhône, ont été obligés de
le transporter au-delà du fleuve. Pendant toute la
soirée, ils ont passé par le pont Morand et le
pont de La Guillotière. Le torrent qui se précipite
dans le Rhône par le quai Bon-Rencontre est devenu très dangereux, la troupe de ligne en défend le passage. On nous assure que plusieurs personnes s'y sont noyées vers les sept heures. Un
bateau dans lequel ces personnes se trouvaient,
ayant reçu un choc, aurait chaviré près du canal,
et les personnes qui s'y trouvaient auraient été
englouties à l'instant même.

Onze heures du soir. — Les eaux n'ont pas cessé de grossir : nous remarquons cependant que la progression est devenue très lente.

Jeudi. — La Saone croît encore ; le désastre est au comble. Tous ceux qui ont pu s'enfuir se sont enfuis ; beaucoup de maisons sont désertes. La plus grande partie de la population reflue vers les hauteurs. A Serin, un nombre considérable de ménages s'est établi en plein air dans le bois de M. Charrin et dans la propriété de M. Revol ; c'est un spectacle déchirant. Les maisons de Vaise croulent toujours. Tant d'usines ont été emportées, qu'on ne voit presque plus de débris sur la rivière. Les hauteurs sont garnies d'une foule innombrable qui contemple ce spectacle d'horreur. C'est aujourd'hui le neuvième jour de la crue de la Saone. On attend l'heure fatale ; si elle croît, il y en a pour neuf jours encore, et alors où s'arrêteront les désastres ?...

Des Salles d'asile ont été ouvertes dans toutes les écoles mutuelles, et il y a là des familles sans pain, sans vêtemens...

Huit heures du soir. — La Saone a décru de quelques millimètres.

Dix heures. — Le vent du midi souffle avec force. La pluie commence : l'inquiétude redouble.

Vendredi matin. — La nuit a été terrible. La Saone a décru, mais faiblement ; le vent du midi souffle toujours.

Les voies de communication sont interrompues partout. On a établi des ponts volans, qui donnent lieu à de nombreux péages ; en sorte qu'au milieu des malheurs qui les accablent, les citoyens sont encore obligés de faire d'assez grandes dépenses pour communiquer d'un endroit à l'autre. On ne comprend pas que la Mairie ne se soit pas entendue avec l'autorité militaire pour faire construire par les soldats du génie des ponts où les citoyens puissent passer gratis et sans crainte.

Toutes les dépenses utiles que ferait l'Administration dans de pareils momens obtiendraient, sans aucun doute, l'approbation de tout le monde.

L'une des maisons situées à l'entrée du Pont-de-Pierre s'est fortement lézardée à l'intérieur ; les habitans en sont sortis.

Dix heures. — La maison qui forme l'angle de la petite rue Sainte-Catherine et de la rue Sainte-Marie a donné coup ; la dalle qui en garnit le seuil s'est élevée en plusieurs endroits.

Midi. — La partie du pont de l'Ile-Barbe qui aboutit à la route de Lyon vient d'être enlevée ; les chaînes et le tablier restent suspendus à la pile du milieu.

Deux heures. — L'eau décroît rapidement. L'espérance commence à renaître.

Le jeudi, le débordement de la Saone avait atteint son plus grand développement ; de la place St.-Nizier à Ainay, la ville était couverte d'une immense nappe d'eau qui, dans quelques points, s'est élevée à trois mètres de hauteur. Un grand nombre de rez-de-chaussée et jusqu'à des entresols ont été entièrement submergés. — Les nuits étaient effrayantes : les cris de détresse des naufragés, les éclats des maisons qui croulaient, répétés par une foule d'échos ; le bruit des boîtes donnant le signal du progrès de l'inondation ; le sifflement

d'un vent sud des plus violens ; de pâles lumières
que l'orage et la pluie faisaient disparaître, jetaient
dans l'ame un tel sentiment de crainte, que toutes
les figures étaient contractées par l'effroi, la douleur
ou la pitié.

Une nouvelle inquiétude est venue ajouter à
la consternation générale. Les terrains qui dominent le quartier St.-Georges et qui ont, comme
on sait, une pente très rapide, surtout dans le
voisinage de la Quarantaine, détachés par des
pluies incessantes, se sont ébranlés, les terrasses
qui les soutenaient se sont affaissées, et une partie
de la ville, submergée par les eaux, courut encore
le risque d'être ensevelie sous des masses de terre.

Aux balmes de St.-Clair, de St.-Georges et de
Ste.-Foy, sur plusieurs points du nouveau chemin des Étroits, la circulation a été momentané-
ment interrompue par des accidens de ce genre. La
maison Renard, située à l'entrée du chemin, a
été renversée par une masse de terres détachées.
Cinq personnes ont été blessées plus ou moins griè-
vement. Heureusement personne n'a péri.

Les éboulemens n'ont pas été cependant aussi
considérables qu'on le craignait ; mais à mesure
que l'inondation recula, elle découvrit des ravages qui avaient échappé aux regards.

Des affaissemens de terrain se sont manifestés
en grand nombre sur la voie publique ; les voitures s'enfoncent encore dans le sol miné. — Dans
l'église des Cordeliers, ces affaissemens sont plus
nombreux et plus remarquables que partout ailleurs.
On les attribue à d'anciennes sépultures qui ont eu
lieu dans son enceinte.

Tous les bateaux de marchandises qui étaient amarrés le long des quais de la Saône ont été entraînés, soit par le choc des radeaux, soit par celui d'autres barques en dérive; tous se sont abîmés avec ce qu'ils contenaient. —A Serin, d'immenses approvisionnemens de vins ont été perdus.

Pendant trois jours, du 2 au 6 novembre, à chaque instant de nouveaux bateaux venaient se heurter contre les ponts et s'engloutir sous leurs arches, pour ne plus reparaître qu'en morceaux à quelques mètres au-dessous. Durant tout ce temps le courant charriait sans interruption des bois de toute espèce, poutres, planches, meubles, tonneaux. Les magasins d'un miroitier s'étant ouverts sur le quai St.-Antoine, les eaux entraînèrent grand nombre de glaces toutes montées.

Le Rhône ayant diminué, et la Saône croissant encore, il arriva que les eaux de cette dernière se précipitèrent en torrens dans le fleuve, entraînant tout dans leur course. Dans la rue Port-Charlet, entre la place du Concert et l'hôpital, elles creusèrent un affouillement de plus de 10 pieds de profondeur. Craignant pour les maisons voisines, qui pouvaient être ébranlées, le Préfet du Rhône, M. Jaïr, qui mérite des éloges pour sa belle conduite pendant le cours du danger, fit jeter, d'après les conseils des ingénieurs, plus de 150 voitures de fascines, de sacs remplis de gravier, de blocs énormes de pierres; mais le torrent les entraînait. — La maison Courrat, grande et belle construction à peine achevée, à l'angle du quai, a été tellement ébranlée par cet affouillement, qu'il sera probablement nécessaire de la reconstruire en entier.

— Un autre torrent, avec le même entraînement du sol, s'était formé près de l'hôpital, dans la rue Attache-aux-Bœufs, mais a causé moins de ravages et moins de craintes.

VI.

Après avoir relaté les sinistres causés à Lyon par les débordemens extraordinaires du Rhône et de la Saone, jetons un coup-d'œil rapide sur l'aspect physique et moral de la cité. — Je n'ai visité Lyon que lorsqu'il sortait de son humide tombeau; je n'ai pas été spectateur du tableau que je vais rappeler : je l'esquisse d'après les récits publics; et ces récits, quoique exacts, sont encore au-dessous de la vérité.

A l'époque où les eaux étaient parvenues à leur extrême élévation, — cette ruche laborieuse, cette mine de richesses, ce refuge de tant d'ambitions et de tant de misères, Lyon avait perdu son aspect bruyant et animé.

Un morne silence succédait aux coups répétés et réguliers des nombreux ateliers de soierie, la navette restait immobile; l'enclume se taisait. Le mugissement des flots, comme la voix du déluge, annonçait aux citadins la présence du fléau dévastateur. Les rues hors des atteintes de l'inondation étaient encombrées, malgré une pluie battante. Chacun était avide du spectacle majestueux et saisissant d'une ville submergée.

De la terrasse de Fourvières et des hauteurs voisines s'observait le panorama le plus extraordinaire que l'imagination puisse enfanter : — Lyon,

comme une nouvelle Venise, semblait sortir du
sein des eaux ; les rues étaient transformées en
canaux navigables. Plus d'élégans tilburys, de
périodiques et commodes *omnibus*...—de l'eau et des
barques! — Les entresols étaient devenus des rez-
de-chaussée. On entrait dans les habitations et on
en sortait par les fenêtres des premiers étages.
Ici, des passerelles, plus ou moins ingénieusement
établies, permettaient une circulation très limitée
et souvent très coûteuse. Là, des hommes-porteurs
offraient leurs épaules moyennant un modique salaire, et bien des citadins profitaient de ce singulier
moyen de transport.

Et lorsque la nuit venait jeter son voile de deuil
sur la ville submergée, ces torches aux flammes
vacillantes et reflétées par les eaux donnaient aux
passagers la forme des ombres traversant le Styx !..
Ce beau quai de Saint-Antoine, si brillant, si
éclairé jadis, qu'il semblait entouré d'une ceinture d'astres lumineux, alors abandonné et enseveli sous les eaux, était plongé dans une complète
obscurité. Des gémissemens et des plaintes ; l'éclat
d'une habitation s'écroulant, ou d'un bateau se bri-
sant contre la pierre des ponts, venaient à chaque
instant interrompre le silence de ces tristes nuits.

Lorsque le jour reparaissait, qu'une pluie incessante remplaçait les rayons d'un soleil si impatiem-
ment attendu, l'inquiétude redoublait ; elle se
changeait en désespoir quand, des collines qui dominent le faubourg de Vaise, on assistait à la chute
des édifices et on entendait les cris de détresse des
habitans ! Un horrible craquement, puis un peu de
poussière annonçaient qu'une habitation, la seule

*

ressource peut-être d'une nombreuse famille, venait de s'anéantir. Un nouveau craquement réveillait de nouveaux échos; un nuage de poussière indiquait un nouveau sinistre. Deux cent trente-neuf fois le bruit se succéda, et Vaise fut en grande partie détruit.

Serin, situé en face de Vaise, n'a pas été plus épargné. Ce faubourg, le Bercy de Lyon, renfermait dans les entrepôts 100,000 hectolitres de vins rouge et blanc, et d'esprits. Ces entrepôts, au nombre de dix, se subdivisant en un grand nombre de magasins, étaient occupés par 13 à 1400 marchands. — Il renfermait en outre plusieurs entrepôts de farines, blés, huiles, bois, etc.

Tous ces magasins, sans exception, ont été submergés; et les deux tiers, construits en pisé ou en planches, ont été entraînés. — Les pertes sont immenses. — Les vins blancs nouveaux sont tous perdus, leur fermentation s'étant opposée à ce qu'on pût bondonner les tonneaux. Les vins rouges, surnageant, ont suivi les courans; ceux qui n'ont pas été entraînés ont peu souffert.

Les habitans, à l'aspect des maisons de Vaise s'écroulant, avaient tous fui; personne n'a péri. La population de ce faubourg, composée de débitans, d'industriels, logeurs, porte-faix et mariniers, vivant pour la plupart au jour le jour, et longtemps éloignés des domiciles où leurs mobiliers ont été ensevelis, sont aujourd'hui plongés dans une profonde misère.

Les morts, pendant cinq jours sans sépulture, avec la triste lampe, la branche de rameau baignée dans l'eau-bénite; les sanglots et les prières des

assistans, venaient encore , dans un grand nombre
de familles, ajouter une horreur de plus à toutes
les horreurs de l'inondation.

Dans ces momens de détresse , la religion ,
ce refuge des ames souffrantes , vint offrir aux
fidèles ses consolantes cérémonies. Le digne prélat
de Lyon , monseigneur de Bonald , qui s'était empressé de mettre son palais archiépiscopal à la
disposition des malheureux chassés de leur domicile
et de subvenir à leurs premiers besoins , monseigneur de Bonald accompagna une foule nombreuse
allant , en procession , implorer la Protectrice de
la Cité , Notre-Dame-de-Fourvières. — Que de
vœux ont été déposés à ses pieds ! Que de ferventes
prières lui ont été adressées dans ces jours néfastes !

La charité vint en aide à la religion pour alléger tant
d'infortunes. Des hommes généreux se sont dévoués
pour porter le pain et l'eau potable nécessaires à
l'existence des habitans enfermés dans leurs habitations ; d'autres ont exposé leur vie pour arracher à
une mort certaine les malheureux qu'elle menaçait.
Ces hommes méritent que leurs noms soient signalés
à la reconnaissance publique :

Mardi 3 , à onze heures du soir , heure à laquelle
le fléau a envahi le quartier des rues Tupin et de
la Plume , le sieur Décoste, marchand tailleur , est
demeuré constamment dans l'eau jusqu'à la ceinture et n'a cessé de porter des secours à tous ceux
qui se sont trouvés dans le cas de les recevoir. Le
courant , ayant creusé un trou au tournant de ces
deux rues, avait rendu ce passage très dangereux ,
soit pour les bateaux , soit pour les voitures. Ce
généreux citoyen est demeuré là en permanence ,

transportant sur son dos les femmes et les enfans, tendant la main à ceux-ci pour les aider à traverser le torrent, procurant des moyens de transport à ceux-là, avertissant les bateliers et les voituriers du danger qu'il y avait à passer sur tel ou tel point, les aidant à en sortir lorsqu'ils y étaient tombés, et portant des alimens à ceux qui en manquaient. Telle a été la conduite de M. Décoste pendant quatre jours et cinq nuits jusqu'au moment enfin où toute espèce de danger avait entièrement disparu.

Le sieur Pierre Davignon, commissionnaire, demeurant rue des Prêtres, n.° 7, est resté dans l'eau pendant cinquante-deux heures pour arracher à l'inondation les marchandises des magasins du quai St.-Antoine. Le jeudi 5 novembre, il s'est jeté à la nage dans la rue Belle-Cordière pour sauver un maçon qui était entraîné par le courant, et qu'il a retiré sain et sauf. Enfin, deux jours avant, une femme, tombée d'une voiture chargée de dix personnes, était prise entre la roue et le brancard et allait être infailliblement noyée. Davignon entendit ses cris, courut à son secours, et, se jetant à la nage, il parvint encore à la sauver. — C'est, dit-on, la onzième personne qu'il arrache à une mort certaine.

De semblables traits n'ont pas besoin de commentaires.

Dans la soirée du jeudi 5, à neuf heures, un vieillard allait se noyer à l'extrémité de la rue Vaubecour, sur le quai d'Occident, lorsque M. Jean Dervieux, tonnelier, se jeta courageusement à la nage malgré la nuit profonde, et bientôt saisit le malheureux vieillard à qui il ne laissa pas même le

temps de remercier son sauveur. Le lendemain,
un jeune homme, qui s'était imprudemment exposé
sur un radeau dans la rue des Colonies, près du
quai de l'Arsenal, s'étant laissé tomber dans l'eau,
allait être emporté dans la Saone par le courant,
si ce brave citoyen, qu'aucun danger n'arrêtait,
ne s'était trouvé là pour voler à son secours.

On cite de M. Dervieux beaucoup d'autres traits
de courage et de dévouement, auxquels plusieurs
personnes ont dû la conservation de leur existence.

On donne la croix à des saltimbanques qui savent
faire des génuflexions, à des écrivains qui vendent
leur plume; et on la refuserait aux auteurs de tant
d'actions héroïques?.. Craint-on qu'elle ne pâlisse à
la boutonnière de la veste d'un artisan?... Elle
brillerait au contraire d'un plus vif éclat.

Dans la nuit du samedi au dimanche 1.er novembre, quatre artilleurs étaient en faction près
de la digue du Grand-Camp, qui vient à se rompre
tout-à-coup. Ces militaires se prennent par la main
et forment la chaîne pour résister à la violence des
eaux qui les enveloppent de toutes parts. Ils arrivent à une première maison qui était sans habitans et fermée; battant en retraite sur une autre
située à quelque distance, ils réunissent leurs efforts
pour en enfoncer la porte, et montent sur le toit
où ils passent la nuit. Le lendemain, le commandant du poste, inquiet sur le sort de ses faction-
naires, fait venir un marinier qui avait déjà donné
mille preuves de dévouement et d'intrépidité; il
l'engage à aller à la recherche des artilleurs, lui pro-
mettant pour récompense la somme qu'il fixera. —
La mission est périlleuse, mon commandant! aussi

irai-je pour rien ; mais pour de l'argent, non ! —Le marinier demande cinq minutes pour faire ses préparatifs, puis se jette dans sa barque. Après six heures de recherches et d'efforts inouis , malgré une pluie battante, au milieu de cette plaine inondée et traversée par des courans qui, à chaque instant, menacent de l'engloutir , ce brave homme aperçoit les militaires sur le toit et les ramène au Grand-Camp. L'officier lui donne sa bourse. — Je ne puis l'accepter , mon commandant ! je vous ai dit que je ne faisais pas ces choses-là pour de l'argent ! Cependant, comme mes forces sont épuisées, donnez-moi seulement pour boire. —

Le général Aymard a signalé ce trait au Ministre, qui s'empressera de décerner une récompense digne d'un aussi noble cœur.

Un autre marinier a parcouru les toits de tout un quartier de Serin pour en sauver les habitans. Je regrette de ne pouvoir donner le nom de ce généreux citoyen.

Mardi 3 novembre, un bateau chargé de trois personnes, qui sortait à environ minuit et demi de l'une des rues du quartier des Célestins, fut emporté rapidement par un très fort courant et vint se heurter contre une *plate* effondrée, dont le toit seulement surnageait au-dessus des eaux. Les trois personnes se précipitèrent sur ce dangereux mais unique appui , qui se trouvait arrêté naturellement en amont du poste des Célestins. Le choc de leur bateau avait suffi pour mettre la *plate* en mouvement ; déjà elle menaçait d'aller jeter les naufragés sous les arches du pont Tilsitt , lorsqu'à leurs cris , poussés avec l'énergique accent du désespoir, trois hommes, parmi une dizaine qui se trouvaient encore aux abords du pont, vinrent, en longeant le parapet, au milieu de la plus complète obscurité, ayant de l'eau jusqu'à la ceinture, les arracher à une mort certaine. Une dame, entraînée par un noble sentiment qui domina la crainte très naturelle à son sexe, se précipita à travers l'inondation, tendant aux malheureux son châle en guise de cordage. — S'il est fâcheux de ne pouvoir citer les noms des auteurs de semblables traits, il est consolant de voir que les sentimens généreux sont identifiés au caractère français et résistent à l'égoïsme et aux dépravations de notre siècle.

Le quartier de Bourgneuf, et particulièrement les quais qui le longent, ont été couverts d'eau jusqu'au premier étage ; et toutes communications avec les maisons situées sur ce quai paraissaient impossibles, même aux mariniers les plus expérimentés.

M. Merck, propriétaire, quai Pierre-Scise, et dont heureusement la maison avait une issue du côté de la montagne, aidé par quatre hommes hardis et dévoués, désignés par le commissaire de police du quartier et encouragés par son exemple ; M. Merck, dont la modestie égale l'humanité, s'est embarqué sur un batelet, puis, à l'aide d'une corde solidement amarrée à un anneau de fer, il a pu franchir l'impétuosité des courans.

Par ce moyen, M. Merck est allé chaque jour, avec son batelet chargé de pain et d'eau potable puisée à sa fontaine, faire des distributions aux malheureux enfermés dans leurs maisons adossées contre le rocher à pic, et qui, sans ces utiles secours, seraient inévitablement morts dans les horreurs de la faim.

La reconnaissance due à M. Merck, pour un pareil bienfait, revient aussi pour une part aux quatre braves mariniers qui l'ont accompagné avec un désintéressement absolu :

Ils appartiennent à la compagnie des crocheteurs préposés au débarquement des bateaux à vapeur de la Saône, et se nomment : Léonard, Mondon, Fayard et Pivelot.

Benoît Delrieux, *modère*, qui conduisait avec un rare désintéressement les passagers dans son batelet, a en outre, dans la cour des bains de la rue d'Égypte, sauvé une femme qui se noyait.

Ce brave homme a malheureusement succombé peu de jours après aux fatigues qu'il a essuyées pendant cette affreuse catastrophe.

Que de traits d'héroïque dévouement ont passé inaperçus ! Que de nobles et belles actions j'aurais encore pu citer si les limites de ce volume ne m'obligeait de m'arrêter !

Disons que partout les populations ont été admirables de zèle et d'abnégation dans les services sans nombre qu'elles ont rendus aux inondés.

Le clergé n'a pas failli à son ministère apostolique : les pasteurs ont guidé, défendu et protégé leurs troupeaux.

Les fonctionnaires ont compris leur devoir et l'ont rempli avec le plus louable empressement.

Les sapeurs-pompiers et la gendarmerie ont fait preuve d'un grand courage et de la plus généreuse abnégation. Le peuple s'est montré partout tel qu'il est, lorsqu'il cède à ses sentimens naturels, bon, généreux, dévoué, et, disons-le, — sublime.

Le riche n'est pas resté insensible en présence de tant de calamités, il a versé l'or réparateur sans parcimonie.

A côté de la page de misère peut se placer la page consolante de la générosité et du dévouement.

Les eaux de la Saone et du Rhône, après avoir exercé leurs ravages et s'être retirées de quelques centimètres, s'élevèrent de nouveau sous l'influence de pluies continuelles. — Cette alternative de décroissance et de nouvelles crues ne manqua pas d'agir sur l'imagination de la foule : les récits les plus effrayans, les contes les plus absurdes, circulaient dans toutes les bouches. D'abord on rappelait la pierre mystérieuse dont j'ai déjà parlé :

Qui m'a vu a pleuré,
Qui me verra pleurera.

Ici c'était le prophète de Salons qui annonçait, pour 1840, une inondation telle que les hommes n'en virent jamais depuis le déluge. — Là c'était le prince de Hohenloë qui avait prédit que Lyon périrait par l'eau en 1840. — Ailleurs on vous disait qu'à Grenoble, la veille de cette fatale année, une vieille femme apparut sur le haut de je ne sais quel rocher, tenant en ses mains deux flacons, l'un rempli d'eau, l'autre de sang : l'eau, d'après les commentateurs, signifiait l'inondation ; le sang, c'était la guerre.

A Fourvières, ajoutait un autre, la chapelle a été trouvée illuminée, comme aux grands jours de fête, et la statue de la Vierge implorant à genoux, devant l'autel, la miséricorde divine en faveur de la ville dont elle est la protectrice.

8

Vous aurez sans doute aussi entendu parler, disait une bonne femme, d'une Dame blanche qui s'est montrée la nuit sur les hauteurs, se promenant silencieusement près d'un des forts qui nous dominent. Une première fois, elle passa non loin d'une des sentinelles ; elle portait une coupe remplie d'eau. Au *qui vive !* du soldat, elle ne répondit pas et disparut. Bientôt après, elle revint, portant cette fois une torche d'où jaillissait une flamme livide. — Même *qui vive*, même silence.... Elle reparut une troisième fois, tenant à la main un pain ; puis une quatrième fois, portant un glaive flamboyant. Après plusieurs *qui vive* répétés, la Dame blanche s'arrêta et répondit d'une voix lugubre et solennelle : — Quand j'ai passé près de toi avec une coupe pleine d'eau, c'était l'inondation et tous ses désastres... tu vois ?... La torche signifiait la peste ; le pain, c'était la famine ; et ce glaive, c'est la guerre.... Malheur.... malheur à vous tous ! — et elle disparut, sans qu'on ait pu savoir qui elle était, d'où elle venait, où elle allait.

Telles étaient les narrations qui se répétaient de bouche en bouche et trouvaient peu d'incrédules. Il semblait vraiment que ces esprits affaiblis appartenaient au moyen-âge.

Nous approchons heureusement de la fin de cette fatale année. Lorsque St.-Sylvestre aura marqué son terme, nous pourrons vraiment nous écrier comme Louis XV, interrompant le 31 décembre 1740, à minuit, sa partie de wist : *Enfin la voilà passée !*

Lorsqu'après quinze jours de submersion, Lyon sortit déchiré de son humide et boueux linceul, quelle désolante transformation ! Que de misères, que de plaies, que de ravages furent mis à nu !

Ces beaux magasins, ces cafés si brillans, ces élégantes devantures, semblables à des êtres arrachés à l'agonie, présentèrent leurs faces noires, leurs flancs déchirés. Tous les galandages séparant les nombreuses boutiques s'étaient écroulés; les marchandises, entraînées, s'étaient confondues. L'orfèvre, en rentrant chez lui, ne voyant que débris de chapeaux, s'arrêtait, croyant s'être trompé de demeure. C'était une destruction, un bouleversement complet. Meubles et marchandises étaient tellement avariés, qu'à peine pouvait-on en utiliser la moindre partie.

Les maisons écroulées formaient un amas de décombres duquel il était impossible d'extraire des matériaux utiles. De la boue, des débris de bois, des tuiles cassées, des meubles brisés, ne présentaient plus au propriétaire que la perspective d'un travail douloureux, pour nettoyer la place jadis occupée par son habitation.

Au milieu de tant de sinistres, de tant de maisons écroulées, de tant de domiciles envahis, il est consolant de n'avoir que très peu de victimes à déplorer. Le nombre exact des morts n'est pas encore connu ; mais on peut, sans s'éloigner de la vérité, affirmer qu'il ne s'élève pas à plus de huit sur le littoral de la Saone, et ne dépasse pas douze sur celui du Rhône.

On a retiré près du pont du Change, à Lyon, les cadavres de deux hommes de la campagne, encore coiffés de leurs bonnets de coton. Ces infortunés étaient, à en juger par le costume, des habitans de la Bresse.

Voici le résumé des sinistres connus :

```
 5  moulins.
 1  aiguisage.
 1  blanchisserie.
14  bateaux à laver.
 1  bateau de poterie.
27  bateaux de charbon pleins ou mi-pleins.
 2     id.   vides.
```

Total 41

```
 45  maisons à Lyon, St.-Georges, St.-Just.
239     id.   à Vaise, reconnues au 19 novembre.
231     id.   à La Guillotière.
 48  Entrepôts de vins à Serin.
```

Total 562

En joignant à ce tableau les innombrables caves et rez-de-chaussée dont on n'a pu enlever les vins et les marchandises aujourd'hui détériorées, on aura une idée faible encore de toutes les pertes causées dans une seule ville par l'inondation. — Ces pertes accableront non-seulement les submergés, mais un grand nombre de négocians avec lesquels ils étaient en rapport.

Combien de débiteurs insolvables, combien de créanciers ne pourront récupérer leurs créances !

Nous donnons ici les diverses hauteurs atteintes par les eaux sur divers points de la ville de Lyon :

1.º 0 mètre 10 centimètres au-dessus de la première marche du Cheval de bronze.

2.º A l'angle du pont Tilsitt et du quai de l'Archevéché, la Saone s'est élevée au niveau du joint inférieur de l'assise qui porte des médaillons.

2.º 0 m. 75 c. au-dessus du seuil des portes du Grenier-à-sel.

4.º 0 m. 40 c. au-dessous du socle de la Halle-au-blé, rue Port-Charlet (maintenant Mont-de-Piété).

5.º 0 m. 12 c. plus bas que le socle du mur soutenant la grille du jardin de l'hôpital militaire, rue de la Charité.

6.º 0 m. 16 c. sur le carrelage de l'église Saint-Bonaventure.

7.º 0 m. 65 c. vers le Mercure, au milieu de la galerie de l'Argue.

8.º 0 m. 15 c. au-dessus du socle de la grille de la Préfecture.

Les ponts qui ont été emportés sont ceux de Chazourne, Seguin et la passerelle Saint-Vincent. — Le pont de la Mulatière a eu trois arches entraînées; — celui de Serin ne pourra de long-temps être livré à la circulation.

Les ponts qui n'ont éprouvé aucun dommage sont : le pont suspendu de la Gare, préservé par l'élévation de son tablier; le pont en pierres du Change; le pont Tilsitt, dont les arches étaient complètement remplies par l'eau au moment de sa plus grande hauteur; enfin le pont d'Ainay, qui, plus élevé que celui de Serin, a mieux résisté.

On jugera de la progression et de la décroissance de la Saone pendant la dernière inondation par le tableau suivant :

Mouvement de la Saone depuis le 27 Octobre jusqu'au 27 Novembre 1840.

DATES.	HEURES DES OBSERVATIONS (1).	
	A 10 HEURES DU MATIN.	A 5 HEURES DU SOIR.
27 Octobre	2 mètres 04 cent.	2 mètres 15 cent.
28 ----	2 35	2 51
29 ----	2 96	3 30
30 ----	4 21	4 70
31 ----	5 21	5 39
1.er novem.	5 80	5 84
2 ----	5 90	6 45
3 ----	6 83	7 12
4 ----	7 35	7 47
5 ----	7 47	7 40
6 ----	7 10	7 10
7 ----	6 94	6 89
8 ----	6 88	6 89
9 ----	6 68	6 85
10 ----	6 44	6 60
11 ----	6 19	6 35
12 ----	5 95	5 85
13 ----	5 70	5 65
14 ----	5 60	5 59
15 ----	5 56	5 54
16 ----	5 51	5 52
17 ----	5 57	5 58
18 ----	5 59	5 68
19 ----	5 55	5 50
20 ----	5 58	5 59
21 ----	5 61	5 56
22 ----	5 52	5 49
23 ----	5 47	5 35
24 ----	5 34	5 27
25 ----	5 25	5 20
26 ----	5 05	5 0
27 ----	4 85	4 75

(1) Ces observations ont été faites au *saonomètre* de Mâcon. Mais il faut remarquer que le zéro de l'échelle est de 55 centimètres plus élevé que l'étiage réel ; de sorte qu'en ajoutant ce chiffre à l'observation du 4 novembre 1840, à minuit, on voit que l'élévation totale a été de 8 mètres 05 centimètres au-dessus des basses eaux.

En 1640, l'eau a atteint 6 mètres ;
En 1711, ---- 6 mètres 30 centimètres. } *Ajoutez* 55 cent.

VII.

LITTORAL DU RHONE

DE LYON A LA MER.

Les eaux de la Saone, arrivées à une hauteur inobservée jusqu'alors, se joignant à celles du Rhône encore très élevées, se mêlant à tous les affluens qui se jettent dans le fleuve en aval de Lyon, et que des pluies torrentielles avaient extraordinairement grossis, formèrent une masse d'eaux qui devint terrible par la pente rapide que présente le lit du fleuve dans tout son cours.

Aussi, les sinistres à énumérer de Lyon à la mer sont-ils nombreux. — J'emprunte à des lettres particulières qui m'ont été communiquées, et aux journaux du Midi, les détails suivans.

GIVORS.

Givors a beaucoup souffert. Trente maisons au moins se sont écroulées. Une grande quantité de marchandises et de denrées, confondues avec les décombres, ont été emportées par les eaux, et avec elles les mobiliers d'un grand nombre d'ouvriers qui, vivant au jour le jour, se trouvent en proie au plus complet dénuement.—Toute la partie basse de la ville a été envahie. — L'incendie est venu joindre ses ravages à l'inondation ; mais, grace au zèle empressé de tous les habitans, il a été promptement dominé. Un toit et plusieurs murs de séparation se sont écroulés. Quelques quintaux de paille ont été consumés. — Personne n'a péri.

Il n'en a pas été de même dans le village de Chasse, situé en face de Givors. Une famille entière a été écrasée sous les ruines de son habitation. — Le plus grand nombre des maisons a été emporté par les eaux.

Le canal a été tellement éprouvé, que la navigation s'est trouvée suspendue. — Elle est aujourd'hui rétablie sur tous les points.

M. Ray, commissaire de police, et son agent, ont déployé la plus grande activité. C'est à eux que l'on dut l'établissement régulier et gratuit de plusieurs bateaux de circulation. Ces deux fonctionnaires ont parcouru toutes les maisons isolées par les eaux, visité toutes les mansardes et distribué partout des secours aux malheureux. On signale également MM. Porcheron, Gouverneur et Bernard fils.

VIENNE.

Vienne a plus souffert des débordemens de la Gère, rivière ordinairement si paisible, que du Rhône. Le 29 octobre, elle a envahi la partie haute du pont l'Évêque, et a emporté trois ponceaux en bois, du côté de Septème.

L'établissement de cardes de M. Levrat, qui était bâti sur pilotis, a été entraîné par le courant. M. Levrat, sa femme et deux de ses enfans ont péri sans qu'on ait pu leur porter secours. Dans le rez-de-chaussée de plusieurs maisons, l'eau s'est élevée à 1 mètre 60 centimètres. En se précipitant vers le Rhône, dont la crue était cependant extraordinaire, elle a renversé sur son passage artifices, roues, portes de baraques et ponceaux, entre autres celui de M. Tilliard et celui de la magnifique fabrique Collin.

La maison de M. Dubertin, limonadier, située à St.-Marcel, n'ayant pu résister au torrent, s'est écroulée; et les matériaux, formant un barrage, ont fait refluer les eaux qui ont inondé tous les bâtimens voisins.

De violens coups de tonnerre se sont fait entendre les 29 et 30 octobre. Les thermomètres étaient à 14 degrés au-dessus de zéro; et cette chaleur intempestive, jointe aux pluies qui ne cessaient de tomber abondamment, fit pressentir avec raison que les eaux atteindraient à une élévation extraordinaire et causeraient d'affreux ravages.

Le village des Sablons, près de Serrières, a été détruit en totalité. — Les 120 maisons qui le composaient se sont écroulées. — Les habitans, réfugiés sur les toits ou sur les arbres, eussent infailliblement péri sans le dévouement des sieurs Boissonnet, Vincent et Chardon, qui n'ont cessé, au péril de leur vie, de transporter, sur de faibles barques, hommes, femmes et enfans.

Les habitans de Serrières, saisis de frayeur et d'épouvante, ont vu s'écrouler et disparaître ce malheureux village des Sablons sans pouvoir le secourir.

Dans la nuit du 1.er au 2 novembre, les Sablonais, chassés par le flot toujours croissant du Rhône, montèrent sur les toits, appelant à grands cris des secours ; mais ce ne fut qu'au jour que les mariniers dévoués dont je viens de citer les noms organisèrent leurs moyens de sauvetage.

TOURNON.

Les belles plaines des environs de Tournon ont été envahies par les eaux du Rhône et du Doux (rivière terrible dans ses débordemens, et qui a son confluent à cinq minutes nord de la ville). Les digues ont été rompues, et le fleuve s'est rué sur les propriétés riveraines. Maisons, murs de clôture, plantations, quelques bestiaux, grains et fourrages, tout a été anéanti. Les habitans ont eu le temps de fuir fort heureusement. — Le Collége, un des plus beaux établissemens de ce genre, avait deux mètres d'eau dans ses rez-de-chaussée ; les élèves se sont réfugiés au premier étage.—Lorsque, deux jours après, le fleuve s'est retiré, la plaine offrait un horrible aspect : elle était jonchée de bois, de malles, de chaises, de tables, de matelas, de tonneaux de vins, pleins et vides, de bestiaux morts et de cadavres humains, amenés et déposés là par les eaux.

TAIN.

Tain a été complètement submergé : non-seulement aucun des quartiers de la ville, mais même aucune des maisons n'a été à l'abri de l'inondation.

Les fours ayant été envahis, des besoins urgens se firent sentir. Des convois de pain furent amenés de Valence par des fourgons de l'artillerie.—On fait le plus grand éloge de M. l'abbé Chautain. Comme aux anciens jours, il a fait de l'église un lieu d'asile; l'eau n'y avait pas encore pénétré, à cause de son élévation au-dessus des terrains environnans. Il en a ouvert les portes et a invité les malheureux sans abri à s'y réfugier. A la tête de plusieurs manœuvres, ce digne ecclésiastique a travaillé lui-même à la réparation des digues de Tain. Lorsque les eaux eurent submergé la ville, s'exposant sur de frêles embarcations, il a porté partout la nourriture du corps et celle de l'ame.— On cite également MM. Auber, Escoffier, Darnaux fils, comme ayant bien mérité de leurs concitoyens.

L'équipage du bateau à vapeur *la Sirène*, retenu au port de Tain par l'élévation des eaux, a rendu de grands services.

Les villages situés sur les hauteurs voisines du littoral du Rhône, ou dans l'intérieur des terres, du côté de Romans, ont servi d'asile aux familles qui s'échappaient de Tain; et le pauvre, comme le riche, s'est empressé de donner à ces malheureux réfugiés la plus cordiale et la plus touchante hospitalité.

VALENCE.

A Valence, le 4 novembre, le Rhône couvrait la moitié de la vallée. L'incendie est venu joindre ses ravages à ceux de l'inondation : la maison Curnier a été entièrement consumée au milieu des eaux.

Saint-Esprit n'a pas eu de sinistre à déplorer.

AVIGNON.

A Avignon, cette ville classique des inondations, les eaux sont venues mouiller le parvis de la basilique. Les rues étaient autant de rivières où l'on ne communiquait qu'en bateau. — Il a fallu faire monter tous les chevaux sur le rocher de Notre-Dame-des-Dons, le seul point de la ville qui ait été à l'abri de l'inondation.

Les vivres arrivant des pays voisins étaient déposés sur les remparts, et des bateaux de l'intérieur de la cité venaient les y chercher. Comme dans une ville assiégée, on repoussait toutes les bouches inutiles. Les habitans chassés de leur domicile ont été réduits à se loger dans une prison, l'ancien palais des papes, que l'on avait garnie de paille.

Les eaux se sont élevées à 7 mètres sur la place de l'Oulle et dans les quartiers bas; et à près d'un mètre sur la place de la Comédie, où de grosses barques circulaient facilement.

Le Séminaire a ouvert ses portes à 400 malheureux restés sans asile, et les a gardés avec leurs bestiaux jusqu'au retrait du fleuve. — La chapelle de cet établissement avait de l'eau jusqu'au tabernacle. Dans la cour elle s'élevait à 13 pieds.

Les invalides, privés de tout approvisionnement par l'inondation, se sont vus réduits, pendant plusieurs jours, à ne manger que du riz bouilli à l'eau.

ARAMON.

On écrivait le 6 novembre :
Depuis huit jours la ville d'Aramon est aux deux tiers envahie par le fleuve débordé. Plusieurs

maisons ont croulé sous la violence des eaux ; un grand nombre menacent ruine, et l'on s'attend à chaque instant à de nouveaux désastres.

Les habitans des quartiers inondés, après avoir lutté vainement, et aussi long-temps qu'ils ont pu, contre l'impétuosité de ce débordement inoui, se sont vus forcés d'abandonner leurs demeures, de peur d'être engloutis avec elles. — Aujourd'hui, toutes les maisons exposées sont évacuées, sans que l'on ait, grace à l'intrépidité et au dévouement des mariniers, aucune victime à regretter.

Ce n'a pas été sans efforts, ni surtout sans danger, que cette émigration de plus de mille personnes, vieillards, femmes, enfans, a pu s'opérer, à travers les toits, les fenêtres, les ouvertures pratiquées dans les murs, sur de frêles embarcations, dans des rues étroites et tortueuses, parcourues en tous sens par des courans d'une rapidité effrayante. Mais le dévouement intrépide de l'équipage du bateau à vapeur *la Comète*, capitaine M. Cermelet, que le mauvais temps avait forcé de relâcher à Aramon, a été comme une providence pour cette malheureuse ville. Les bateliers du pays ont rivalisé de zèle et d'audace avec eux ; et, grace à cet heureux concours, les secours n'ont manqué nulle part.

Les eaux roulaient avec fracas dans les rues ; une pluie battante et un vent violent ajoutaient à ce bruit sinistre, interrompu de temps en temps par des cris *au secours !* et par le craquement des maisons qui croulaient. Que l'on juge de l'anxiété de tous les habitans, et de l'effroi de ceux qui, 's aux étages supérieurs, sentaient le Rhône

9

sous leurs pieds!... Le froid, les besoins et la faim venaient se joindre à tant de misères.

Les digues et une partie du quai furent emportées; et comme le sol est en contre-bas du niveau du fleuve, on peut se figurer l'impétuosité des courans et les ravages qu'ils ont dû occasionner. La plaine n'était plus qu'un vaste lac; les eaux s'étendaient à huit lieues dans les terres.

BEAUCAIRE.

Le 3 novembre, à minuit, le Rhône a brisé la chaussée et s'est répandu dans la plaine. La moitié de la ville a été inondée; tout le quai du Canal, depuis la porte Saint-Gilles jusqu'au café Forest, était sous les eaux. La rue des Couvertes présentait un impétueux torrent et était devenue, pour ainsi dire, une branche du Rhône. Des processions ont eu lieu dans les rues. Les filles de la Congrégation, portant la statue de la Vierge, ont passé la soirée à genoux sur la chaussée, à côté des travailleurs, dans l'eau jusqu'à la ceinture. Les digues se crevèrent à cent pas au-dessous du nouvel abattoir, et la plaine entière fut submergée.

Un individu de Beaucaire, saisi d'un vertige subit à l'aspect de tant de scènes de désolation, s'est précipité dans le Rhône et a disparu sous les eaux.

A Vallabrègue, île sur le Rhône, à une lieue de Beaucaire, les habitans arborèrent le drapeau noir et se réfugièrent, au nombre de deux mille, dans le cimetière, placé sur une élévation.

TARASCON.

Le Maire avait fait construire des batardeaux énormes sur la crête des perrets qui entourent la ville, et l'on espérait qu'ils résisteraient à la force des eaux. Des postes nombreux furent disséminés sur les chaussées pour donner l'alarme au besoin. Les eaux renversèrent tout, et la ville fut entièrement submergée.

La salle du spectacle, où on avait abrité une partie des bestiaux, a été envahie à une telle hauteur, qu'on a été obligé de placer aux premières et aux deuxièmes loges les porcs, les mulets et les brebis. Les barques, chargées de fourrages, arrivaient, rames déployées, dans le parterre.

Parmi les personnes qu'il est bon de signaler à la reconnaissance publique, comme s'étant dévouées au salut de leurs semblables, il faut citer le sieur Moulinier, pêcheur-batelier, de Tarascon, dont la belle conduite a fait l'admiration de tous ses concitoyens. Ce brave homme avait été chargé par l'Autorité de la périlleuse mission d'aller à la découverte avec quatre autres mariniers, pour recueillir, si c'était encore possible, ceux des malheureux habitans de la campagne qui auraient pu se soustraire aux premiers dangers. La nuit était sombre et sinistre. Après maintes explorations dans les *segonaux*, Moulinier, à travers les mugissemens du fleuve, entendit des cris de détresse qui devinrent de plus en plus distincts. Il déclara à ses compagnons qu'il fallait diriger leur barque du côté d'où partaient les cris. Mais, pour arriver en cet endroit, il fallait franchir une énorme brèche faite par le

Rhône à la chaussée et où les eaux se précipitaient avec une violence effrayante. Trois des mariniers reculèrent devant cette expédition, qui leur offrait une perspective presque certaine de naufrage et de mort ; mais Moulinier, à force de prières et d'éloquence, parvint à décider un de ses camarades à le suivre.

Aussitôt ces deux courageux citoyens se préparent à accomplir cet acte difficile d'humanité ; mais auparavant ils ont le soin d'attacher chacun une corde à leur ceinture ; ils en nouent l'autre extrémité à la proue de leur barque pour se réserver au moins une chance de salut s'ils chaviraient ; puis, à la grace de Dieu, ils voguent droit vers la cataracte qu'ils franchissent heureusement par un miracle de sang-froid et d'habileté.

Toujours guidés par les cris des infortunés, qui appelaient un secours presque impossible, Moulinier et son camarade finirent, après des peines inouies, par découvrir le toit d'une chétive cabane perdue au milieu de la vaste plaine d'eau. Ils parvinrent enfin à l'atteindre, et ils trouvèrent deux femmes qui s'étaient juchées sur le rebord du manteau de l'âtre, se cramponnant aux poutres de la charpente, l'une de ses deux mains, l'autre d'une seule main, car celle-ci tenait au bras son enfant âgé de six mois.

Ces deux malheureuses femmes avaient passé la nuit dans cette cruelle position, presque mortes de faim et de désespoir, ne cherchant à se soustraire à la mort que par cet instinct de conservation qui n'abandonne jamais la créature dans les plus affreux dangers.

Grace au dévouement du brave Moulinier et de son digne ami, dont je regrette de ne pouvoir citer le nom, elle furent sauvées et ramenées à Tarascon.

De pareilles actions n'ont pas besoin d'éloges ; il suffit de les raconter pour en faire sentir toute la beauté.

L'*Album Arlésien* rapporte la belle action d'un homme qui, au milieu d'une nuit obscure et de la désolation générale, entendant des cris qui lui annonçaient qu'une famille allait périr, s'est précipité dans sa barque sans calculer les dangers, et est parvenu à sauver une pauvre mère et ses trois enfans en bas âge.

Le lendemain de cette nuit fatale, on a vu le même homme, toujours avec la même intrépidité, s'élancer au milieu de nouveaux périls partout où il y avait des victimes à sauver.... Mais depuis il a cessé de paraître au sein de sa famille ; depuis il n'a point revu sa femme et ses trois enfans.....
Une barque renversée, flottant à la merci des eaux, a été retrouvée..... et c'est celle de l'homme courageux, de l'infortuné Bellon ! !

ARLES.

A Arles, le Rhône a atteint 5 mètres 92 centimètres au-dessus de l'étiage de la mer.

Le 3, un vent violent du Sud-Est refoula les eaux et augmenta ainsi l'inondation. Le plan du Bourg ne formait plus qu'un vaste lac, depuis les chaussées du fleuve jusqu'au canal du Bouc.

En Camargue, toute la ligne du petit Rhône était inondée, et, au centre de l'île, la vaste brèche de Lauricet avait laissé arriver le pont de St.-Gilles jusque dans les marais de Selliers. Le Siphon, qui donne passage aux eaux de dessèchement du Trébon et du plan du Bourg, reçut au contraire celles du Rhône : la plus grande partie des marais desséchés fut inondée derechef. Les quartiers bas de la ville étaient submergés à plusieurs pieds de hauteur, et des bateaux d'un port considérable parcouraient la Roquette et les rues adjacentes.

Le 3, à 7 heures du matin, la malle-poste de Marseille à Toulouse, qui était partie d'Arles pour Tarascon quelques instans auparavant, rentra en ville et annonça que les eaux avaient envahi tout le grand Trébon. Cette malle-poste fut obligée de prendre le galop pour fuir devant l'inondation, qu'elle eut le bonheur de gagner de vitesse.

Le pont en bateaux, à Trinquetaille, a été emporté. Au moment de la débâcle, douze personnes, dont une jeune femme et un enfant au maillot, se trouvaient sur ce pont, qui déjà naviguait sur le fleuve. Les secours ont été assez prompts, grace au zèle et au dévouement de quelques mariniers.

Tous les domaines de la Camargue, du plan du Bourg et du Trébon, ont été envahis par les eaux. — Les semences ont été entraînées et les pâturages perdus pour les cent mille têtes de bêtes à laine qui descendent annuellement des montagnes.

ROQUEMAURE.

À Roquemaure, dans la journée du 31, le petit pont de Mont-Faucon et les ouvrages inachevés.

qui devaient faciliter ses abords, ont été également détruits par l'impétueuse et vaste agression des eaux. Tous les habitans ont déménagé les rez-de-chaussée et mis les bestiaux en lieu de sûreté.

AIGUES-MORTES.

La ville d'Aigues-Mortes a pu se garantir de l'inondation en fermant ses portes et en les terrassant. L'eau a dépassé la hauteur du sol de 2 mètres, sans briser les barrières qu'une heureuse prévoyance lui avait opposées; mais les environs ont beaucoup souffert. Les marais salans ont tous été submergés, au point qu'on apercevait à peine les toitures des habitations construites dans la plaine. Toutes les maisons riveraines des canaux ont été entraînées par l'impétuosité de l'immense torrent. — Le sel de cette année est perdu, et celui des années précédentes considérablement endommagé.

Voilà la relation à peu près exacte des principaux désastres causés par les terribles débordemens de la Saone, du Rhône et de leurs affluens.

Je dis *à peu près*, car comment aurais-je pu ne rien oublier ? — Devancé par des écrivains plus habiles dans la création de l'œuvre que j'avais annoncée, je me disais : — Arriverai-je encore en temps opportun ? Mon histoire de l'inondation de 1840 ne sera-t-elle pas regardée comme une histoire ancienne ? et je me hâtais, et j'écrivais le jour et souvent la nuit. — Il faut beaucoup écrire et faire de nombreuses recherches pour composer un tel volume. — Les matériaux se pressaient sous ma main : car les sinistres sont innombrables ; les actes de courage et d'abnégation abondaient, car les populations riveraines ont été admirables de dévouement. Mais j'étais restreint : — les souscripteurs étaient impatiens ; — on m'attendait.

J'ai abrégé mon travail, afin que les bénéfices que je réservais aux malheureux ne fussent pas absorbés par les frais d'un livre trop volumineux ; et, sans le vouloir, peut-être ai-je omis ; mais je n'ai jamais exagéré.

Parmi les omissions involontaires, il en est une que je m'empresse de réparer puisqu'il en est temps encore :

J'ai appris (au moment où cette *feuille* allait être mise sous presse) l'admirable conduite d'un homme simple et modeste, le frère Céphas, chef de l'école de la Doctrine Chrétienne de Belleville ; et je suis heureux de pouvoir livrer à la publicité la généreuse abnégation et l'intrépidité qui ont signalé les efforts heureux de ce digne frère. Plus de soixante personnes lui doivent la vie. Un grand nombre de familles n'ont plus en mobilier et en denrées que ce qui leur a été conservé par le frère Céphas. Jour et nuit, parcourant les lieux inondés, visitant toutes les maisons menacées, recueillant partout hommes et choses, il a vu s'écrouler 20 maisons au moment où il venait d'en tirer les habitans. — Ce n'est pas en vue du monde et de ses récompenses qu'on s'expose à la mort pendant cinq jours et cinq nuits, sans repos et sans interruption. Mais si le monde sait faire une juste application de ses récompenses, il placera une croix d'honneur sur la poitrine de frère Céphas.

FAITS DIVERS.

Une inondation désastreuse n'a pas été le seul effet des longues pluies de Novembre 1840. Des phénomènes plus ou moins extraordinaires, des cours d'eau jaillissant dans des lieux étonnés de leur apparition, des soulèvemens de terrains, des éboulemens menaçans, une perturbation remarquable dans diverses parties du sol, sont venus ajouter aux sinistres d'attristans épisodes.

Dans une propriété appartenant à M. Bourrette, avoué à Mâcon, et qui est située sur la commune de Charnay (Saone et Loire), les eaux du puits se sont élevées, puis, s'échappant en jets abondans comme ceux d'un puits artésien, ont rempli la petite vallée au fond de laquelle sont placés l'habitation, les granges et les jardins. Deux corps de bâtimens se sont écroulés. Dans le tinailler se trouvait une cuve pleine de la dernière récolte : on a fait un trou dans un mur adossé à un monticule, et on a sorti le vin de la cuve en formant la chaîne.

C'était un spectacle vraiment curieux que celui de ce lac improvisé, présentant 18 à 20 mètres de profondeur, laissant apercevoir l'extrémité des branches des arbres, et le toit d'une maison. Les eaux, se déversant sur les terres voisines, formaient de larges ruisseaux, et, dans quelques endroits, des

cascades très pittoresques. Aujourd'hui les eaux dimi-
nuent, et sous peu la petite vallée sera dégagée.

Le village de Drom, situé non loin de Bourg,
dans une étroite vallée du Revermont, est sujet à
des inondations passagères. Cette année, l'eau est
parvenue à une hauteur inobservée jusqu'alors. Dans
certaines habitations elle s'élève à 3 mètres. Au
quartier de la Fontaine il y en a 14 mètres, et plusieurs maisons sont envahies jusqu'au grenier. Les
habitans, qui s'étaient réfugiés sur les toits, sont
descendus, à l'aide d'échelles, dans le seul bateau
qu'on avait amené de la rivière de Suran. Ils se sont
retirés dans les 12 ou 15 maisons non encore
submergées, et dans le hameau des Combes, que
sa situation mettait hors d'atteinte.

L'eau a cessé de croître; mais ce n'est pas de
trois mois que la pauvre commune de Drom sera
délivrée, car l'inondation vient du débordement
d'un lac souterrain. M. le Préfet de l'Ain a fait
confectionner deux barques qui ont été reçues à
Drom avec une grande joie, car elles permettent
de communiquer avec les parties inondées et de
sauver les fourrages et les denrées que les eaux
étaient sur le point d'atteindre.

La commune de Vaux (Ain) a été le théâtre
d'un bouleversement terrestre des plus extraordinaires. Un canton tout entier de vignes, connu sous
le nom de *Plansole*, de la superficie d'environ six
hectares, a glissé sur le canton appelé *Partenot*. Ce
bouleversement a été le résultat de l'infiltration des
eaux pluviales entre deux terres, à la profondeur
d'un mètre soixante centimètres. La surface du

canton appelé *Plansole*, qui était d'une très grande
fertilité, n'offre plus aujourd'hui qu'une terre noire,
grasse et imperméable, sur laquelle a glissé l'eau qui
a déterminé l'éboulement, parfaitement expliqué
par cette circonstance. D'énormes blocs de pierre
sont descendus du penchant de la colline et sont
venus se fixer dans le contre-bas où finit la terre
bouleversée. Aucune force humaine n'aurait pu leur
faire prendre cette position.

Ce qu'il y a de plus remarquable, c'est qu'un chemin de desserte qui traversait cet endroit se trouve
jeté aujourd'hui à une distance de plus de cent
mètres.

Le lundi 2 novembre, un phénomène non moins
extraordinaire a eu lieu sur le territoire de Conliège
(près Lons-le-Saunier), à Vertanout-sous-Briod.
Un éboulement de terrain s'est fait au bas d'une montagne et a formé une crevasse assez profonde.
Cet éboulement a soulevé d'une manière sensible
une étendue de vigne d'environ 50 mètres, de telle
sorte que le terrain, de plan qu'il était, est devenu
conique et a atteint la hauteur de 7 à 8 mètres. —
Un ravin non loin de là, d'une profondeur d'environ
16 mètres, et au fond duquel se trouvaient d'énormes
noyers, est maintenant au niveau de ses anciens
bords. On pense que c'est un volume d'eau com-
primé qui a produit ce soulèvement.

Dens le village de Poudes, commune de Nieigles,
une montagne vient de s'ouvrir en gouffre béant
et menace de s'étendre et d'envahir le village. Un
soutènement retient encore cette énorme masse ;
mais cette faible barrière paraît devoir céder bientôt

à la poussée de la montagne. Le danger, signalé de toutes parts et que rien ne peut ni prévenir, ni empêcher, a frappé de terreur les pauvres habitans de ce malheureux petit endroit, qui l'ont presque tous abandonné.

On annonce aussi l'ébranlement de la montagne de Coiron (Ardèche), une des plus hautes du département. Elle s'est affaissée en plusieurs endroits, surtout vers la fin de la chaîne, notamment du côté de Rochemane, joli petit village non loin du Rhône.

IX.

Après tant de pages accablantes, après l'énumération de tant de sinistres, doivent apparaître, comme le baume après la blessure, comme le soleil après l'orage, les pages consolantes de la Charité.

Elle n'a pas fait défaut, cette vertu qui domine les vices des temps modernes; elle s'est élevée à la hauteur des déplorables circonstances qui ont affligé de si nombreuses localités :

A la nouvelle des désastres du littoral de la Saone et du Rhône, toutes les communes, toutes les villes des départemens atteints par l'inondation, toutes celles des départemens les plus éloignés, se sont émues. Les Conseils municipaux ont voté des sommes plus ou moins considérables, selon leurs ressources. Des souscriptions plus ou moins productives ont été ouvertes. Des quêtes à domicile ont réuni le denier du pauvre à l'or du riche;

du bois, du linge, des vêtemens ont été offerts et acceptés. Partout une belle et noble rivalité est venue contribuer à l'allégement d'innombrables misères.

La Suisse et la Savoie n'ont pas oublié qu'autrefois elles faisaient partie de la France. Elles ont vu, dans les victimes de l'inondation, d'anciens compatriotes et d'anciens frères. Elles se sont empressées de joindre leurs offrandes à celles qui, sous toutes les formes, se pressent pour venir en aide à tant de malheureux.

A Genève, une seule quête, faite dans l'église catholique de Saint-Germain, s'est élevée à la somme de treize cents francs.

L'Angleterre, oubliant sa vieille rivalité, a fait un appel en faveur des inondés du Rhône et de la Saone. — L'Allemagne n'est pas restée indifférente à nos désastres. La *Gazette des Villages*, qui se publie à Hildburghausen (Saxe), termine ainsi qu'il suit l'appel qu'elle fait à la générosité de ses lecteurs en faveur des inondés :

« On vous dira peut-être que ce sont des gens « d'outre-Rhin, qui menacent de nous ravir notre « fleuve. Mais c'est égal, ils sont des hommes, ils « sont nos frères. Il nous restera toujours quelques « florins pour les pauvres de notre pays. Nous le « demandons à nos lecteurs : une pièce de 5 francs « envoyée des bords de la Saone ne leur ferait-elle « pas un double plaisir, s'ils se trouvaient dans une « position aussi malheureuse que celle de ces con-« trées ? »

Je voudrais pouvoir citer tous les dons remarquables par leur importance ou leur touchante simplicité. Je voudrais, à côté du nom de Mme de Labarmondière, dont la charité inépuisable ne laisse aucune infortune à soulager ; je voudrais, à côté du don remarquable de quatorze mille francs de cette dame, qui sait faire un si noble usage de sa fortune, placer le nom du pauvre ouvrier de Bourg qui, en rougissant, est venu déposer deux paires de sabots neufs.

L'intérêt du pauvre veut que je restreigne mon récit ; je me bornerai donc aux citations suivantes :

Dans la matinée du 11 novembre, un brave homme en blouse bleue, portant des guêtres de peau et le fouet en bandoulière, se présente dans la cour de l'hôtel-de-ville de Lyon, à la tête d'un convoi de quatre voitures chargées de pain et de pommes de terre. Il demande M. le maire ; on l'introduit. — Monsieur, dit-il, je suis maire aussi, mais d'une toute petite commune qui n'est pas bien riche. Je vous amène ce que nous avons pu recueillir ; plus tard nous ferons mieux si nous pouvons. Voilà 15 quintaux de farine et 80 *bichets* de pommes de terre (environ 25 hectolitres).

M. Terme saute au cou du paysan, l'embrasse et le remercie. Celui-ci se retire pour faire décharger ses voitures ; mais, arrivé dans la cour, il se ravise et demande à parler de nouveau à M. le Maire ; on l'introduit. — Je reviens vous dire, monsieur, que ce n'est pas à moi que doit revenir l'honneur de cette bonne action : c'est mon Adjoint et un des membres de notre conseil municipal qui m'ont donné cette idée.

Je regrette de ne pouvoir citer les noms de ces trois braves gens.

Dans une église de Bordeaux, au moment où le prêtre parcourait les rangs des fidèles pour faire une quête en faveur des malheureux ruinés par l'inondation, un billet de mille francs a été jeté dans son bonnet par une main inconnue.

Mademoiselle Louise Godard, de Mâcon, tailleuse pour femmes, a pris l'engagement, dans une lettre écrite à M. Defranc, maire, de confectionner gratuitement les vêtemens que l'on se proposerait de distribuer aux victimes de l'inondation ; et cet engagement, elle le remplit avec l'empressement le plus louable.

M. Cornaton, maire de St.-Laurent (Ain), a reçu un paquet portant cette inscription : « A la plus pauvre veuve de la commune. » Ce paquet contenait deux chemises neuves en toile fine, deux paires de bas de laine noire, deux mouchoirs de poche et deux de cou, deux jupes en laine, une camisole et une robe. La donatrice est inconnue.

A Chalon, MM. les commissaires de la souscription se présentent dans un des principaux pensionnats de demoiselles, dirigé par madame P. F.—Pendant que les institutrices déposaient leur offrande, les jeunes élèves tinrent conseil pour organiser leur collecte. Il fut décidé, en un clin-d'œil, que la cotisation pour l'antique fête Ste.-Catherine serait totalement consacrée à la souscription ; et sur-le-champ elle fut versée dans la bourse des commissaires, qui emportèrent une cinquantaine de francs pour les inondés.

A cet âge, dit *le Patriote de Saone et Loire*,

qui rapporte ce fait, on place ainsi à gros intérêts pour le bonheur de l'avenir.

Le département de l'Ain s'est fait particulièrement remarquer par l'importance de ses dons. un seul bourg (Coligny) a remis à la Commission de secours 2,030 francs.

M. Lacroix, pharmacien à Màcon, ne s'est pas borné à déposer son offrande en faveur des inondés, il a prié M. le curé de St.-Laurent (Ain), de prévenir les malades indigens qu'ils trouveraient gratuitement à son officine tous les médicamens dont ils auraient besoin. Comme médecin de la commune, j'ai reçu le même avis, dont bien des malheureux ont profité ; et je lui donne de la publicité, au risque de blesser la modestie de ce citoyen philanthrope.

Une mère de famille de la commune de Pierreclos (Saone et Loire), se trouvant sans numéraire, sans denrées disponibles, et ne voulant pas renvoyer le curé et les collecteurs qui l'accompagnaient, détacha le collier d'or qui, depuis vingt ans, ornait son cou, et le remit en disant : Je peux m'en passer, ma famille n'en souffrira pas ! —Aux représentations qui lui furent adressées sur l'importance et la nature de son offrande, elle ajouta : Je ne dois pas porter de l'or tandis que tant de malheureux ont faim !

De tels actes n'ont pas besoin d'apologie.

Les souscriptions sont nombreuses, les quêtes productives, les dons considérables : mais que peuvent, hélas! ces quelques gouttes de baume sur d'aussi larges blessures !

Le concours de toutes les forces sociales saurait à peine réparer tant de sinistres. La Chambre des Députés a voté, dans sa séance du 16 novembre, un crédit extraordinaire de 5 millions.... Cinq millions répartis entre huit départemens plus ou moins ravagés, entre douze mille familles qui ont vu s'anéantir dans les flots, et leur fortune et leur avenir : c'est, comme le disait un publiciste, un verre d'eau jeté dans l'Océan.

A peine, avec une pareille somme, reconstruirait-on les habitations détruites, non de ces maisons appartenant à des riches, qui peuvent supporter une diminution dans leurs revenus, mais de ces cabanes acquises à la sueur du front du pauvre cultivateur ou de l'artisan.

Avec 5 millions, on peut donner le premier morceau de pain, mais non rendre au laboureur sa charrue, ses récoltes entraînées et ses granges, à l'ouvrier son atelier, au petit négociant les moyens de subvenir par son industrie aux besoins de sa famille : et, cependant, c'est à ce but que doivent tendre tous les efforts philanthropiques.

Lyon seul absorbera les 5 millions. D'autres secours plus efficaces seront indispensablement votés par les Chambres. Joints à tous les dons particuliers, ils constitueront nécessairement une somme importante, à la distribution de laquelle devra présider la plus scupuleuse impartialité.

Quel doit être le mode de répartition? Voici comment je le comprends :

Rendre à tous les habitans de la campagne ne payant pas au-delà de 25 francs d'impôts, leurs habitations détruites, non telles qu'elles étaient avant leur chute, c'est-à-dire basses, mal aérées, malsaines, mais solides et mieux distribuées;

Dans les villages agglomérés, imposer des alignemens, sans lesquels la desserte et les communications faciles sont impossibles. Indemniser, pour obtenir ces alignemens, les personnes qui auraient à en souffrir. Faire réédifier ces habitations sous la surveillance d'agens-voyers, qui recevraient à cet égard les instructions nécessaires.

Les constructions commenceront au printemps. La pierre sera recherchée : déjà elle a presque doublé de prix. Les carrières actuellement ouvertes ne pourront suffire. Le Gouvernement ne devrait-il pas employer quelques compagnies des soldats du génie à exploiter et à découvrir de nouvelles carrières?... Les environs de Mâcon sont riches en ce genre. — En veillant lui-même à la solidité des nouvelles maisons, il contribuerait ainsi à en faciliter la réédification. Il rendrait d'éminens services aux citoyens, sans surcharger l'État, le prix de la pierre pouvant satisfaire, au-delà, aux frais d'exploitation.

Le pisé tombera certainement en discrédit, mais ne sera pas abandonné, surtout dans le département de l'Ain, où l'absence de carrières donne à la pierre un prix exorbitant. On pourrait même avoir recours au pisé sans inconvénient, en ayant la précaution d'élever une colonne de maçonnerie sous chaque pièce de bois supportant les planchers et les toits. En construisant ainsi, le pisé tomberait, que la maison resterait debout. J'en ai actuellement sous les yeux un exemple frappant. Une maison ainsi bâtie, à peu de distance des miennes, a été percée à jour par l'action des eaux : les colonnes sont debout, les murs en terre sont tombés, et le propriétaire n'aura qu'une modique dépense à faire pour remettre l'édifice dans son état primitif.

Dans les villes, on devra rendre de même au petit rentier ruiné par l'écroulement de sa maison le seul moyen d'existence qui lui restait ;

Au petit marchand, ouvrir un crédit à l'aide d'une caisse d'épargne établie à cet effet ; lui remettre, ou de l'argent à 3 ou 4 pour cent, ou des marchandises à longs termes pour les paiemens ; lui rendre, enfin, sa primitive industrie ;

A l'ouvrier, rétablir son atelier ; lui rendre les outils et les métiers perdus, lui procurer du travail, le décharger de l'odieux droit de patente ; je dis *odieux*... et, en effet, tandis que l'usurier millionnaire, avec chevaux à sa voiture, laquais à ses côtés, ne paiera qu'une cote personnelle et mobilière, le pauvre ouvrier sera dans la nécessité de payer un droit pour acquérir le privilége de suer et de nourrir de sa sueur tant de riches oisifs. Le droit de patente doit incessamment disparaître, et être remplacé par un impôt sur le luxe, depuis si longtemps vainement réclamé ;

A aucun, ne donner de l'argent qu'avec la certitude d'un sage emploi. La remise de sommes plus ou moins considérables serait inévitablement suivie de grands inconvéniens. — L'homme sans ordre, adonné à l'ivrognerie, dépensera en quelques jours ce qui eût suffi pour lui rendre son habitation ;

Le cultivateur ambitieux préférera acheter un hectare de terre et construire une chétive baraque qu'une prochaine inondation viendra renverser ;

ou bien il quittera la charrue pour entreprendre en ville, à l'aide de la somme qu'il aura reçue, un commerce dans lequel, faute de connaissances, il se ruinera et retombera ensuite à la charge de la société;

Le rentier-propriétaire aimera mieux placer son argent que de réédifier sa maison, et les revenus de l'État en souffriront;

L'ouvrier, tant qu'il aura son escarcelle garnie ne songera pas au travail, et l'avenir de sa famille sera compromis.

Il est un grand nombre de fortunes moyennes qui ont éprouvé de rudes échecs par l'effet de l'inondation, et qui ne réclameront certainement aucune indemnité. Ne serait-il pas juste, dans la prochaine répartition des impôts, d'avoir égard à leurs pertes et de diminuer les énormes cotes mobilières dont la plupart sont surchargées? Ces diminutions pourraient être compensées (si le fisc, comme il est probable, tient à la rondeur du budget) par un reversement sur les personnes qui n'auraient pas souffert de l'inondation. — Chaque ville ou commune doit fournir son contingent; ce contingent est réparti entre tous les citoyens, d'après leur position sociale. Toute commune devient ainsi une famille distribuant ses charges à chacun de ses membres, d'après leur force. Les victimes de l'inondation sont des membres malades; ne pourrait-on pas se montrer moins exigeant envers eux?

Voilà comment je conçois la sage distribution des secours. — Ce mode de répartition pourrait sembler d'une application impossible, si on ne réfléchissait pas que les pertes ont été notées en temps opportun, et que des Commissions gratuites s'empresseront, dans chaque commune, de veiller à l'exécution de tout ce qui tendra à réparer les sinistres causés par l'inondation.

Le plus grand nombre des habitations dont je propose la réédification avaient une petite valeur. Avec deux millions on rebâtirait mille maisons. Il en est tombé moins de trois mille. Six millions suffiraient donc au-delà pour rendre un asile à plus de quatre mille familles, aujourd'hui sans ressources.

La répartition dans les villes sera, je le sais, plus difficile, et absorbera des sommes beaucoup plus considérables, que celle à faire dans les campagnes; mais, avec des Commissions composées d'hommes dévoués et intelligens, les traces profondes du terrible fléau seront bientôt effacées.

X.

La relation qui précède, et celle qui suit, démontrent combien deviennent plus fréquentes les inondations du Rhône et de la Saone; combien elles sont désastreuses pour leur littoral et pour la cité où ces rivières ont leur confluent; combien, enfin, elles ont été constamment dévastatrices pour les Brotteaux et La Guillotière.

N'existerait-il aucun moyen de paralyser les effets d'aussi fàcheux débordemens, et de mettre à l'abri de leurs atteintes une ville aussi populeuse, aussi commerçante que Lyon? de favoriser en même temps l'écoulement de la Saone, empêché par le peu d'issue que présentent les ponts et les quais trop rapprochés, et, par suite, de s'opposer à l'élévation des eaux, qui devient si préjudiciable et de plus en plus menaçante pour les divers pays que cette rivière parcourt ?

Je ne suis pas ingénieur ; j'ignore toutes les règles de l'hydrographie, toutes les ressources de l'hydraulique ; je ne m'appuierai donc que sur le simple raisonnement, pour chercher une solution à l'importante question que j'ai posée.

Serait-il impossible d'établir un vaste et profond canal de déversement aux eaux du Rhône, c'est-à-dire de leur creuser un lit supplémentaire, solidement empierré et capable de résister à l'action corrosive des courans ?

Ce canal, établi en amont et en arrière de la Tête-d'Or, dans la direction que prend naturellement le fleuve dans ses irruptions, passerait entre les Brotteaux et Villeurbanne, à peu de distance et en dehors des forts, de manière à ajouter à la force et à la défense de ces derniers ; traverserait où circonscrirait La Guillotière pour aller aboutir, plus ou moins loin, en aval du confluent.

Dans l'état ordinaire du fleuve, et à l'aide de quelques écluses solidement construites, ce canal servirait à établir une communication praticable entre le bas et le haut Rhône, et la navigation y trouverait d'immenses avantages. Aussitôt que le fleuve deviendrait menaçant, ce large et profond canal entrerait en exercice et lui offrirait un second lit qui, favorisant le passage des eaux, les empêcherait de ravager, comme elles le font tous les ans, les riches plaines des Brotteaux et de La Guillotière.

Pourquoi n'établirait-on pas encore sur les bords de ce canal, dont la pente assez sensible favoriserait des chutes d'eau puissantes, pourquoi n'établirait-on pas des moulins et autres usines, qui ne préjudicieraient en rien au passage du fleuve et des barques?... Pendant l'étiage, ces chutes seraient alimentées par une prise d'eau qui ne nuirait point à la masse appelée à desservir les quais de la cité. La vente seule de ces chutes d'eau couvrirait une partie des dépenses.

Quant à la Saone, je ne vois pas non plus une difficulté insurmontable à lui donner pareillement un canal de déversement. — Bien plus, je crois que l'établissement de ce canal devient indispensable, si on veut mettre à l'abri des inondations pernicieuses de cette rivière les terres si fécondes qu'elle arrose et leurs riches moissons si souvent compromises.

Depuis la construction de tant de ponts et de tant de chaussées sans ouvertures; depuis l'encaissement de la Saone, ainsi que je l'ai expliqué dans le 1.er chapitre, quelques jours de pluie suffisent pour la faire sortir de son lit, pour suspendre la navigation, et détériorer et souvent détruire d'abondantes récoltes prêtes à être recueillies.

Grace au canal que je propose, on donnerait aux eaux un écoulement plus rapide et plus considérable. On n'empêcherait pas la Saone de se répandre; mais on arrêterait son élévation; on préserverait les foins des inondations si nuisibles des mois de juin et juillet.

Où établir ce canal?

Pour obtenir le nivellement d'un chemin de fer, on ne balance pas à perforer des montagnes de nature même siliceuse, eussent-elles 10 et 15 kilomètres d'épaisseur : pourquoi hésiterait-on à en traverser une d'aussi minime importance que celle de la Croix-Rousse, non par un canal à ciel découvert, mais par un large et profond chenal souterrain?

Pourquoi n'établirait-on pas une espèce de tunnel commençant en face de la gare de Vaise, traversant la montée de la Croix-Rousse et allant aboutir au Rhône, en amont du pont Morand, sur le quai St.-Clair ?

Le lit du Rhône est à peu près au même niveau que celui de la Saone. Admettant qu'en certaines circonstances les eaux du fleuve, plus élevées, eussent quelque tendance à se déverser dans la rivière ; si celle-ci était basse, je ne vois pas où serait l'inconvénient. Et, d'ailleurs, le canal de déversement du Rhône par les Brotteaux s'opposerait toujours à une élévation considérable du fleuve à l'endroit où il recevrait l'embranchement de la Saone.

Supposant encore que les eaux fussent assez élevées de part et d'autre pour paralyser l'effet du déchargeoir, ce dernier ne tarderait pas à reprendre son action, puisqu'il est démontré que le Rhône, qui croît très rapidement, décroît plus rapidement encore, tandis que la Saone parcourt des périodes beaucoup plus lentes et plus régulières.

A l'aide de ce canal souterrain, un confluent artificiel serait établi. Les bateaux de la Saone, évitant les ponts si multipliés et si dangereux qui desservent la cité, communiqueraient au Rhône très facilement ; et la navigation supérieure de ce fleuve, dont on s'occupe actuellement, y trouverait d'immenses avantages.

On sacrifie des millions pour rendre nos voies
fluviales praticables pendant l'étiage, c'est-à-dire
pour favoriser des transports qui pourraient, à la
rigueur, s'effectuer sur des routes royales : pourquoi ne ferait-on pas de semblables sacrifices pour
prévenir les débordemens des fleuves et des rivières,
si fâcheux par leurs résultats?

Les travaux que je propose ne sont pas gigan-
tesques et ne sauraient être comparés à ceux du
fameux tunnel sous la Tamise ; et quand ils surpas-
seraient encore l'entreprise colossale de l'Angleterre,
la France ne peut-elle égaler sa rivale, la superbe
Albion, dans l'importance de ses travaux ?

Une surabondance de force et de vie semble
faire craindre que la tranquillité intérieure ne soit
troublée, si une guerre ne vient ouvrir un essor
à cette activité de notre génération. —Donnez-lui
donc, alors, une utile impulsion !... Entreprenez
de grands travaux ; couvrez la France de chemins
de fer ! — Que de millions inutilement absorbés par
la guerre le seraient plus avantageusement par les
améliorations que je propose ! (toujours admettant
que l'honneur de la France soit sauf, car l'honneur
du pays doit passer avant tout.)

On m'objectera peut-être que Lyon seul pro-
fiterait des bénéfices des travaux proposés. —
Cette objection, qui n'en serait pas une, puisque
Lyon est une ville assez importante pour qu'on
s'occupe de sa prospérité ; cette objection, dis-je,
ne serait pas fondée. La Saone, parvenue à une
certaine hauteur, présente un ralentissement sensible dans son cours, et cela se conçoit : — arrêtée à Lyon, le dégagement de ses eaux n'est

plus en rapport avec l'apport de ses affluens ; alors elle s'élève. La pente de son lit, qui est de 9 mètres de Mâcon au confluent, c'est-à-dire dans l'espace de 8 myriamètres, n'est plus la même à la superficie. — L'eau, dans la dernière inondation, qui s'est élevée à près de 9 mètres en amont des ponts de Lyon, n'a pas dépassé 7 mètres à Chalon, et 8 mètres 05 centimètres à Mâcon.

Pour me servir d'une figure, je dirai que le vaste bassin où se verse la surabondance des eaux de la Saone devient comparable à une tonne alimentée par un filet d'eau considérable et se vidant à l'aide d'un robinet. Plus vous donnerez de largeur au canal de ce dernier, plus tôt la tonne sera débarrassée, et, par conséquent, moins l'eau s'élèvera dans son intérieur.

Qu'en outre du canal que je demande, et à l'aide duquel (d'après les calculs d'un ingénieur de haute capacité, auquel je soumettais mes idées) la Saone aurait eu un mètre d'élévation de moins dans la terrible inondation de 1840 ; qu'en outre de ce canal on impose des arches à toutes les chaussées aboutissant à cette multitude de ponts, dont les culées sont trop rapprochées et forment des barrages fâcheux qui ralentissent le cours de la rivière, — et nous n'aurons plus à supporter des désastres semblables à ceux que nous déplorons aujourd'hui.

Voilà des idées trop belles en théorie pour n'avoir pas en application quelques avantages. Je les soumets et les abandonne aux hommes compétens : c'est à eux à juger de leur valeur et de leur opportunité.

Mais l'homme est de sa nature oublieux. Dans un an, les habitations écroulées seront reconstruites. Dans deux ans, on parlera de l'inondation de 1840 comme d'une catastrophe très éloignée, qui ne doit plus se reproduire; et les choses resteront dans le *statu quo*. Si, comme je n'en doute pas, une nouvelle inondation bientôt ravage nos rives, de nouvelles voix s'élèveront comme la mienne. Les hommes superficiels riront des améliorations proposées; les hommes compétens ne voudront pas recevoir des conseils de personnes étrangères à leur art; et d'innombrables sinistres viendront prouver qu'*il y avait réellement quelque chose à faire*..... Et cependant rien n'aura été fait. — SIC FATA.....

Je regarde comme complément indispensable à cet ouvrage, et je crois être agréable aux lecteurs en le reproduisant, le sommaire historique des principaux débordemens connus de la Saone et du Rhône et des désastres qu'ils ont causés plus particulièrement à Lyon.

Cette relation, extraite de la *Revue du Lyonnais,* est due aux recherches savantes de son rédacteur en chef, M. Léon BOITEL, qui a enrichi ce Recueil périodique d'une grande variété d'articles remarquables.

INONDATIONS

DU RHÔNE ET DE LA SAONE

A DIVERSES ÉPOQUES.

———

Le Rhône et la Saone ont tour-à-tour donné, bien des fois déjà à notre ville, l'effrayant spectacle de leur mutuel débordement. Si Lyon doit à ses deux fleuves une partie de ses richesses et de sa prospérité commerciale, elle a dû souvent aussi à leur double voisinage des désastres nombreux. Nos annales en contiennent plus d'un exemple. Nous donnerons ici, par ordre de date, les plus grandes inondations dont Lyon a été à la fois le théâtre et la victime.

580.

La première inondation dont les historiens de Lyon nous aient donné le souvenir fut terrible dans ses résultats. Elle fit de la plaine des Brotteaux un lac immense, où tout fut submergé. Le Rhône et la Saone, qui se joignaient alors au-dessous d'Ainay, se réunirent au-dessus de la ville, du

*

côté de Saint-Nizier. Leurs eaux s'élevèrent de telle façon par-dessus leurs anciens canaux, qu'elles renversèrent une partie des murailles de la cité et détruisirent un grand nombre d'édifices. La plupart des habitans de la plaine, craignant un nouveau déluge, se retirèrent avec leurs femmes, leurs enfans et le plus précieux de leurs biens, sur les collines de Saint-Just et de Saint-Sébastien pour y attendre la miséricorde de Dieu. Notre histoire nous fournira à ce sujet de lamentables détails. Paradin, Rubys, Poullin de Lumina, varient tous sur la date de ce mémorable événement ; le premier le place en 592, le second en 593 et le troisième en 583. Grégoire de Tours, le seul auteur ancien qui ait parlé de cette inondation, dit formellement qu'elle eut lieu la cinquième année du règne de Childebert II, c'est-à-dire l'an 580, car on sait que ce prince monta sur le trône l'an 575.

Le P. Ménestrier, après avoir cité et traduit le passage de Grégoire de Tours, nous apprend qu'après cette inondation, à la grande surprise de tous, les arbres refleurirent au mois de septembre.

M. Delandine ajoute même que la ville resta plus de six mois sans reprendre son aspect ordinaire et sans être nettoyée.

Rubys, de son côté, nous dit que ce débordement épouvantable fut suivi d'une étrange peste, de laquelle moururent plus de deux tiers des habitans de la ville et du plat pays.

Nous donnons ici la narration de Paradin, remarquable par la naïveté et le pittoresque de l'expression :

« ..... Environ l'automne, commença une pluie
si furieuse, si véhémente et si continuelle, qu'il
semblait que le déluge de Noé fût de retour.
Il plut vingt jours de suite. On eût dit que toutes
les bondes et cataractes du ciel étaient lâchées.
Toutes les terres labourables et autres, en pays
plat, ressemblaient à une mer, et l'on ne put
faire aucunes semailles. Le Rhône et la Saone
furent tellement enflés, qu'oubliant leur mare et
canaux, ils couvrirent cette partie de la cité
de Lyon qui se trouve entre les deux rivières,
de telle sorte qu'il fallut que le peuple habitant
en ces endroits se sauvât à Fourvières, Saint-
Just, Saint-Sébastien et autres lieux, par les
collines. Tous abandonnèrent leur bien à la miséricorde des eaux, qui flottaient par-dessus les
ponts, et, en quelques endroits, par-dessus les
maisons basses. Et l'on pouvait dire que les pois-
sons nageaient sur les saules et plusieurs autres
arbres où les oiseaux se soulaient percher. Les
bateaux étaient conduits parmi les rues, comme
par le fil de l'eau, et les bateliers entraient
dans les maisons par les fenêtres. Ce ravage d'eau
fut si violent, que les murailles de la cité qui
touchaient la partie du Rhône et de la Saone
furent ruées par terre, quoiqu'elles fussent de
forte matière. Je laisse à penser si les maisons
eurent à souffrir. Lorsque les eaux furent retirées,
on trouva les caves et les maisons si pleines
de vase et de boue, qu'on ne les pouvait vider,
sinon avec frais inestimables. »

A ce récit, qu'on peut taxer d'exagération,
défaut ordinaire de Paradin, se trouvent joints

des détails sur d'autres calamités dont la Gaule fut alors affligée. Leur singularité et leur invraisemblance accusent singulièrement la naïve crédulité de l'auteur, si elles ne font pas douter de sa bonne foi.

1196.

Six siècles après, une pluie, presque continuelle pendant deux mois, amena une nouvelle inondation et fit les mêmes ravages. Ce fut la cause d'une suspension d'hostilités entre Richard Cœur-de-Lion et Philippe-Auguste.

1408.

Des lettres-patentes données à cette époque par Charles V, constatent les désastres causés par un débordement dans lequel plus de deux cents maisons, sises entre les deux rivières, furent renversées, soit par les glaces, soit par la forte crue des eaux. Ces lettres accordent aux Lyonnais, pendant quatre années, une exemption du tiers des droits d'aides, à titre d'indemnité.

1476.

Une inondation emporta cette année une arcade du pont du Rhône et causa de grands ravages. Louis XI, qui revenait du Dauphiné, ne put entrer dans la ville et fut obligé de passer la nuit dans le faubourg de la Guillotière avec toute sa cour le 24 mars 1476. Le maître de la maison où il logea, pour perpétuer la mémoire de l'honneur qu'il avait reçu, plaça sur la façade de sa demeure un petit

monument dont Colonia nous a donné la figure :
ce sont deux anges portant un royal écusson aux
armes de France.

L'AN M. CCCC LXXV LOUIA CIENS (logea céans) LE
NOBLE ROY LOUIS LA VEILLE DE NOSTRE-
DAME DE MARS.

La différence que l'on remarque dans la date de
1475 de l'inscription, et celle de 1476 que nous
avons donnée plus haut, ne provient que de l'ancienne manière de compter l'année française. Ce
fut, on le sait, Charles IX qui, par son édit de
Roussillon de l'an 1564, fixa au premier jour de
janvier le commencement de l'année française, qui,
jusqu'alors, avait commencé au jour de Pâques.
Les directeurs de nos théâtres ont encore maintenu
ce vieil usage de dater leurs années du 21 avril,
époque ordinaire de la fête de Pâques, parce que
sans doute les saisons d'été et d'hiver se trouvent
ainsi mieux partagées pour l'exploitation de certaines localités où il n'y a spectacle que pendant
l'hiver.

Nous revenons à nos inondations. Que de calamités ne nous reste-t-il pas à enregistrer !

1501.

Au mois de juillet 1501, une autre crue du
Rhône emporta l'avant-dernière arche du pont du
Rhône, du côté du faubourg de la Guillotière. On
se hâta de la reconstruire, mais elle ne résista pas
aux efforts de ce fleuve.

1570.

La plus désastreuse inondation est celle qui eut

lieu le 2 décembre 1570, sur les onze heures du soir. Elle surprit dans le sommeil la plus grande partie des citoyens. Le Rhône et la Saone sortirent de leurs limites et s'étendirent subitement dans la ville de Lyon et les campagnes. Les deux rivières se réunirent sur la place Confort et n'en firent qu'une. Les ténèbres, le bruit des eaux et les cris confus des malheureux submergés, augmentèrent le désordre et offrirent le spectacle le plus effrayant. Tous les habitans du quartier Saint-Jean se réfugièrent en toute hâte sur la montagne; ceux de l'autre rive, dans l'impossibilité où ils étaient de fuir, attendirent la mort dans leurs maisons, à chaque instant sapées par les efforts des eaux et s'écroulant de toutes parts.

Ce furieux débordement alla toujours croissant depuis le samedi soir jusqu'au lundi suivant, à trois heures de l'après-midi; il causa de graves dommages à la cité. Trois arcs du pont du Rhône furent abattus par la violence du courant, et le faubourg de la Guillotière fut presque entièrement renversé. Ses habitans s'enfuirent dans la campagne, abandonnant, sans pouvoir les sauver, leurs voisins et leurs amis emportés par les flots. Une grange considérable, pleine de foin, nous rapporte M. Delandine, fut entraînée avec les bœufs qu'elle renfermait, et elle vogua pendant long-temps sur les eaux sans se démolir. Nous rapportons ce fait sans en garantir l'authenticité.

M. de Mandelot, au profit duquel, en 1571, le duc de Nemours se démit de son titre de gouverneur de la ville, et le même qui, en 1572, servit, par ses coupables faiblesses, les affreux massacres de la Saint-Barthélemy à Lyon, se conduisit admirablement dans cette inondation. Il fit tout ce qu'il put pour secourir les malheureuses victimes de ce fléau ; il montra beaucoup de courage et d'humanité ; il sacrifia sa fortune, et, selon Rubys, sa vie même se trouva plus d'une fois en danger.

Mézerai rapporte qu'une des principales causes de la prompte violence du courant fut un rocher énorme qui, arraché par les torrens des montagnes voisines du Pas-de-l'Ecluse, près de Genève, servit pendant quelques jours de digue au Rhône, et le laissa ensuite se précipiter avec plus de fureur.

Paradin, dans son style naïf, s'exprime ainsi :

« Un samedy, second jour de décembre, 1570, Dieu envoya un grand châtiment à Lyon. A savoir que sur les onze heures avant la minuit, étant le peuple en son repos, et ne se doutant de tel désastre, l'impétueux fleuve du Rhône s'enfla et déborda si subitement et si impétueusement, qu'il maîtrisa ses bornes et limites, sortant hors de mare et s'épanchant par-dessus les rivages, et courant à vau-de-route, comme une mer tempestueuse, non-seulement par les parties de la ville contiguës et adjacentes au fleuve, mais aussi baignant une très grande partie du pays plat et circonvoisin, qui fut un moment tout noyé et inondé de ce furieux ravage ; et fut ce débordement si soudain et impétueux, que les eaux avaient plutôt exécuté leur massacre que l'on n'eut nouvelle de leur arrivée...

« Que penserons-nous donc quelle était alors la crainte, l'étonnement, l'épouvantement et la frayeur, quand les pauvres gens se virent en un instant assiégés et environnés de toutes parts, de la nuit, des ténèbres et de ce grand déluge d'eau ! Quel bruit, quelles clameurs, plaintes, crieries et tintamares, et quelles mortelles alarmes l'on ouït retentir partout, tant des pauvres gens surpris à l'imprévu, que des autres qui, au bruit de ces piteux hurlemens de ceux qui se perdaient, se sauvaient devant le naufrage.

« O compassion ! ô misère déplorable ! Au moins quand tels accidens surviennent en plein jour, les voisins, les amis peuvent se présenter la main et s'entresecourir; mais en ce calamiteux débordement advenu en pleine nuit, en temps nébuleux et obscur, tel s'efforçait de sauver son frère, sa femme et ses enfans, qui lui-même s'allait perdre. Tel cuidait sauver son bien, qui perdait la vie; tel cuidait gagner la terre ferme, qui se plongeait en un mortel abîme !

« Ainsi, depuis les onze heures de nuit du samedy, jusqu'à trois heures après midi du lundi ensuivant, le Rhône ne cessa de s'étendre, élargir et croître avec toutes les rigueurs qu'il est impossible d'imaginer. La calamité du peuple des champs, des maisons et du bétail que les eaux abattaient, traînaient et engloutissaient, ne se pourrait estimer, sinon que l'on l'a pu mesurer avec les yeux, pour l'étendre avec la plume. Quant au dommage que ce pernicieux déluge fit lors en la ville, il n'y a d'esprit qui le puisse savoir ni concevoir, ni yeux qui puissent suffisamment fournir de larmes pour le déplorer, ni langue pour le raconter; car d'autant plus qu'il n'était jamais advenu au Rhône de se déborder ainsi excessivement, ni d'entrer si avant en la ville, l'on eût estimé celui être hors du sens qui eût prédit telle calamité devoir advenir, vu qu'il n'y en avait aucun précédent indice, comme sont trop grandes pluies ou neiges fondues aux Alpes....

« Ainsi donc, cette formidable inondation commençant à gagner le bas de la ville, vous eussiez vu le peuple courir à toute bride de çà et de là, pour mettre leur vie en sauveté et franchise; les uns en la montagne, les autres de rue en rue, gagnant toujours le haut, ayant crainte d'être poursuivis et accoursés des eaux; de manière que ni précieux meubles, ni papiers importans, ni or, ni argent, rien ne pouvait les arrêter. C'était grand' pitié et pauvreté de ce misérable état et spectacle, si spectacle peut être où l'on ne voit goutte. Les eaux étaient par canaux parmi les rues; les maisons, dégravées de leurs fondements, trébuchaient avec grand'ruine dessus les personnes qui n'avaient eu loisir de se sauver; aux autres, la mort était continue avec le sommeil.

« Davantage (qui est fort admirable) la rivière de Saone, tranquille et coye de son naturel, ayant quitté sa limite et douce tranquillité, semblait être conjurée avec le Rhône en l'exécution de ces misères, car, s'étant venue joindre au Rhône en la place de Confort, augmenta grandement la force des eaux du Rhône, et furent vus ensemble aux lieux où jamais n'avaient été conjoints. Alors commencèrent à redoubler les ruines des bâtiments, les submersions de personnes, le naufrage d'une infinité de biens. Le pont du Rhône (qu'on dit avoir deux cent cinquante-six toises de longueur) fut tellement secoué et ébranlé par l'impétuosité des flots, que quelques parties d'arches furent ruées par terre.

« Les plus insignes ruines furent au bourg de la Guillotière (que j'ai dit devoir être nommé Grillotière, à cause des grillets et sonnettes des mulets de voiture, desquels le faubourg n'est jamais dégarni), lequel pour être le plus proche du pont, il ne s'y est trouvé fondement de telle fermeté et assurance, qui n'ait été esloché et remué de son lieu par ce furieux et violent ravage ; et n'y a maison en ce grand et spacieux faubourg qui se puisse vanter d'en être exempte : de manière que ce bourg auparavant beau et bien peuplé, et qui se pouvait dire un grand magasin de fréquent commerce, semblait, après ce déluge, un cadavre de ville, rompu, ruiné et dissipé. Les excellentes maisons et bâtiments de plaisance qui décoraient et embellissaient cette belle plaine, furent misérablement démolis et ruinés : un monde de beaux et précieux meubles, gâtés et perdus....

« Au surplus, parce que naturellement le plus pur et le plus noble sang court incontinent à la partie blessée, pour la secourir ; aussi la noblesse de Lyon, émue au bruit et plaintes du peuple, assiégé et enveloppé des eaux, fut soudainement prête pour donner du secours, et principalement Monseigneur de Mandelot, gouverneur, sachant qu'il est plus louable de sauver la vie à un citoyen que de tuer mille ennemis, fut vu plus promptement à cheval avec la troupe de ses gentilshommes, que l'on n'eût pensé qu'il fût averti de ce malheur, et sans épargner sa personne, ni sa propre vie, piqua par les rues inondées, à travers les eaux, tirant les pauvres gens du danger de la mort. Là se voyait

un combat étrange entre la force et rage des eaux
et la charité et hasardeuse prouesse de ce noble et
sage gouverneur, qui, comme vrai père du peuple
qui est commis à sa charge, ne craignait point
d'abandonner sa vie pour sauver celle des siens.
Par cet exemple héroïque étaient incités et ani-
més les autres gentilshommes de sa compagnie à
donner secours aux pauvres gens qui flottaient par
les eaux, tellement que c'était à qui mieux mieux.
L'un tirait dehors une femme portant son enfant
en ses bras ; l'autre se mettait en l'eau jusque par-
dessus les arçons, pour tirer berceau et enfant
flottant sur les vagues à la miséricorde de cet élément tant barbare et cruel ; l'autre tirait deux ou
trois hommes hors du péril de mort, tant avec les
mains, que se tenant à la queue de son cheval ;
l'autre tendait de loin un long bois à ceux qui
étaient dans les lieux les plus profonds. Il ne faut
demander si les grands et les plus apparens de la
ville se montrèrent affectionnés et charitables en
cette nécessité, où il n'y avait personne tant éminent en dignité qui ne se montrât ami ; car tous
états, tout sexe, tout âge, jeunes, vieux, riches,
pauvres, ecclésiastiques, nobles, bourgeois, marchands, artisans, jusqu'à la lie de la populace,
tout se mettait en extrême devoir de secourir ceux
que l'éminent danger menaçait de mort.

« Au demeurant la ruine du plat pays, à une
grande demi-lieue, auquel l'inondation s'était
épanchée, était inestimable pour la perte du bétail,
car, bientôt après ce déluge, les bords des rivières
et des ruisseaux qui se dégorgent dans le Rhône,
et les haies et buissons étaient bordés de bêtes

noyées et en telle multitude, qu'il s'engendrait une
intolérable puanteur, encore que ce fût en temps
d'hiver. Qui eût jamais pu croire que la violence
de ce débordement eût arraché par les fondemens
une grange pleine de foin et de fourrage, et l'eût
emmenée avec les bœufs attachés au râtelier, que
l'on vit flottant sur les ondes comme une nef sans
pilote ni gouvernail?...

« La rivière du Rhône était auparavant bien
munie et bordée de riches et opulens villages, bien
peuplés, et dont, à la retraite des eaux, bien
peu de vestiges se pouvaient remarquer. Il est vrai
que quant aux biens et bâtimens, ce sont choses
auxquelles le labeur et industrie de l'homme ont
moyen de donner ordre : mais, en ce qui concerne
la perte des personnes qui ont été accablées en
cette calamité publique, le dommage est irrépa-
rable. On en disait s'être perdus pour s'être con-
fiés en la force et fermeté de leurs maisons, et ne
s'être daigné bouger : ne sachant pas qu'il n'est
point de sagesse, ni prudence, ni conseil contre
Dieu. » (Paradin, *Mémoires de l'histoire de Lyon*,
p. 386 et suiv.)

1572.

Deux ans après tous ces désastres, un froid ex-
cessif glaça toutes nos rivières; les moulins à blé qui
se trouvaient sur le Rhône furent pris dans les glaces
et leur mouvement arrêté. Le gouverneur de Lyon,
M. de Mandelot, justement alarmé du danger qui
menaçait la ville d'une prochaine famine par la cessation de toute mouture et la disette des farines,
employa un si grand nombre d'ouvriers à rompre

les glaces et les encouragea tellement de sa personne, le jour et la nuit ; malgré la rigueur de la saison, que, contre l'opinion commune, il garantit Lyon d'un malheur qui paraissait inévitable. Le dégel vint servir tant de généreux et louables efforts et amena une inondation dans laquelle les glaces et les eaux firent des dégâts moins grands qu'on était en droit de l'attendre auparavant. Mme de Mandelot voulut en cette occasion partager avec son mari la gloire de servir le public. Cette dame, dont la naissance illustre ne servit qu'à relever l'éclat de toutes les vertus qui peuvent décorer son sexe, fournit des habits et des alimens à un grand nombre de petits enfans que le froid exposait à périr, et fit allumer de grands feux dans plusieurs quartiers de la ville pour échauffer les pauvres pendant cet hiver rigoureux.

1602.

Cette année, la rivière de Saone se déborda, et ses eaux s'élevèrent à une telle hauteur, depuis le 18 jusqu'au 27 septembre, que, couvrant entièrement les éperons du pont, elle touchait presque la circonférence des arches. La crainte qu'il ne fût renversé obligea à le charger de plusieurs gueuses de fer et de gros quartiers de pierre pour lui donner de la stabilité. Les quais et les églises des Augustins, des Jacobins et des Célestins, depuis les portes d'Halincourt jusqu'à Ainay, furent inondés ; plusieurs corps des bâtimens de l'Arsenal s'éboulèrent. Les eaux s'étendirent sur les places Confort et Bellecour, dans toute la rue de Flandre et dans plusieurs autres, voisines de cette rivière. Heureusement, le Rhône ne crût pas également; car, si ces deux rivières eussent donné à la fois, toute la partie de la ville qui en est environnée eût été submergée. On plaça alors sur la face de la seconde maison du quai Saint-Vincent, en allant du pont à Saint-Benoît, une inscription qui marquait la hauteur à laquelle montèrent les eaux.

M. l'archiviste Godemard nous a communiqué, au sujet de cette inondation, la note suivante trouvée dans des papiers apppartenant à l'ancienne et primitive église des Grands-Augustins. Nous la transcrivons :

« Le 27 septembre 1602, la Saone a été jusqu'aux degrés de la grande porte de l'église (des Grands-Augustins), entrant presque au cloître de devant; et le samedi ensuivant, le lendemain dudit vendredi, elle entra dans le cloître jusqu'à genou et dans l'église jusqu'au premier degré des deux qui sont dessous la lampe qui est devant le grand autel. La maison eut pour conseil de ne rien bouger de la maison. Ce que nous fîmes. Les tombeaux (caveaux) de notre église s'enfoncèrent dedans terre et les fallut relever et raccommoder. Dieu soit loué du tout. »

1608.

L'année 1608 fut remarquable par le froid extrême qui se fit sentir; il avait commencé à devenir très âpre le jour de Saint-Thomas auparavant, et dura plus de deux mois sans s'adoucir qu'un jour ou deux; il glaça toutes les rivières, gela toutes les jeunes vignes, tua plus de la moitié des oiseaux et du gibier à la campagne, grand nombre de voyageurs par les chemins, et près de la quatrième partie du bétail dans les étables, tant par la rigueur du temps que par le défaut de fourrages.

Mézerai, dans son *Histoire de France*, a consigné cet événement. Le dégel, dit-il, ne causa pas de moindres dégâts qu'avait fait le grand froid ; ce qui arriva à Lyon est une merveille qui mérite d'être rapportée. Il s'était accumulé des montagnes de glaces sur la Saone, et surtout devant l'église de l'Observance ; toute la ville tremblait de peur qu'en se détachant elles ne vinssent à emporter le Pont-de-Pierre. Aussisôt on se hâta de le charger de tous les fardeaux qui pouvaient le rendre capable de résister à la violence du choc. Dès lors, toute communication fut fermée entre les deux parties de la ville ; des prières, des processions solennelles furent ordonnées, et on attendait avec la plus vive inquiétude l'instant de la débâcle, lorsqu'un artisan fit assembler le consulat et offrit de rompre les glaces par petits morceaux et de les faire écouler sans aucun désordre. Le consulat écouta ses propositions et lui promit 600 livres et une place de commis aux portes, s'il amenait son entreprise à bien. Pour cet effet, il alluma vis-à-vis de l'Observance, sur le bord de la rivière, deux ou trois petits feux avec quelques fagots et un peu de charbon ; il se mit à murmurer certaines paroles, et aussitôt ce prodigieux rocher de glaces éclata comme un coup de canon et se rompit en une infinité de pièces dont la plus grande n'était pas de plus de quatre pieds. Mais le pauvre homme, après que le vent du midi, le dégel ou quelque grande inondation des pays voisins furent venus en aide à l'accomplissement de ses desseins, au lieu de toucher sa récompense, fut en très grand danger de recevoir une punition. Le consulat ayant demandé aux théologiens s'il était dû quelque chose à cet artisan, les jésuites prétendirent que Besson, usant de sortilége, s'était tourné diverses fois vers les quatre Parties du Monde, en prononçant tout bas des noms barbares, et soutinrent que son intervention dans la débâcle n'avait pu se faire sans l'opération du diable. Besson se défendit; sa simplicité et la déclaration qu'il fit de sa recette le délivrèrent de la peine des sorciers; mais sa recette fut publiquement brûlée devant l'Hôtel-de-Ville.

Dix ou douze ans après, Besson, revenu à Lyon, intenta action au parlement pour avoir son salaire. Une transaction passée devant M.ᵉ Guérin, notaire à Lyon, le 9 décembre 1621, mit fin à ce débat. Besson se contenta d'une somme de 100 fr. que lui paya le consulat, et se désista de son action.

Les pièces de cette curieuse procédure sont aux archives de la ville.

1640.

A Mâcon, la Saone est arrivée à 6 mètres au-dessus de l'étiage. Lyon a dû se ressentir nécessairement de cette inondation, quoique nous n'ayons rien trouvé à ce sujet.

1711.

Les fréquentes pluies du mois de janvier et la grande quantité de neige tombée dans les premiers jours de février de cette année donnèrent lieu à une crue considérable du Rhône et de la Saone; celle-ci surtout s'étendit considérablement le mercredi onze février. Peu de jours après, et au moment où le Rhône décroissait lentement, un coup de vent très chaud et une forte pluie occasionnèrent un nouveau débordement des eaux de ces deux rivières. Elles crûrent à vue d'œil depuis le 20 février jusqu'au 26 du même mois de février. Ce fut la plus grande de toutes les inondations dont Lyon ait été affligé. En effet, celles arrivées en 580, 1570 et 1602 ne nous apprennent la jonction du Rhône et de la Saone que sur la place des Jacobins ; et il a été reconnu par l'inscription placée sur la face de la seconde maison du quai, en allant du pont de Saint-Vincent à Saint-Benoît, et qui mentionne la hauteur des eaux en 1602, que la crue l'a dépassée d'environ deux pieds, quoiqu'il soit constant que le pavé de la ville eût été élevé de plus de sept pieds depuis ce temps-là.

Le Rhône se répandit dans la grande rue de l'Hôpital, dans la rue Confort, et s'il avait crû de deux doigts de plus, il aurait joint la Saone dans ladite rue, ce qui arriva sur la place des Jacobins où il s'éleva jusqu'au dernier degré de la croix ou pyramide qui s'y trouvait à cette époque. Les rues Raisin, Mercière, Grenette et Dubois furent inondées. On ne pouvait aller qu'en bateau de la rue de la Poissonnerie à la place de l'Herberie.

Le désordre fut très grand à Bellecour. Le portail de l'église de la Charité fut couvert par plus de six pieds d'eau. Le Rhône et la Saone se joignirent le 26 à l'extrémité du Mail. Une inscription le constate.

Les portes de Vaise, de Saint-Georges et d'Halincourt furent barrées par les eaux pendant plu-

sieurs jours, et les ferrures en furent couvertes.
L'eau de la Saone touchait le tablier du pont de
bois de Saint-Vincent et la dernière arcade du
Pont-de-Pierre, du côté du Change.

MM. les prévôts des marchands et échevins em-
pêchèrent le passage des voitures sur le pont, et
firent évacuer les maisons qui sont à son avenue,
du côté de Saint-Nizier. Ils prirent toutes les précautions convenables pour faire attacher avec de
bons câbles et triples cordages les bateaux qui se
trouvaient au-dessus des ponts. Les citoyens surpris
dans les maisons sises sur les quais furent obligés
de tirer leur subsistance par les fenêtres et se trouvaient emprisonnés chez eux.

La rivière entra dans plusieurs églises, principalement dans celle des Célestins où l'eau monta
jusque sur les degrés de l'autel, et dans celle des
Jacobins où tous les tombeaux furent soulevés.
L'église des Augustins fut longtemps inhabitable,
soit à cause de l'infection, soit à cause de l'humi-
dité, la Saone ayant creusé très profondément dans
plusieurs endroits et tout le pavé ayant été enlevé.

Voici à ce sujet des documens tirés des papiers
trouvés dans les archives des Grands-Augustins;
ils nous ont été fournis par M. Godemard :

« Le vingt-quatre de feburier jour de Saint-Ma-
thias do l'an mille sept cent onze, la Saone est entrée dans nostre église et dans le cloistre à cinq
heures du matin; et à midy on ne pût plus entrer
n'y dans l'un n'y dans l'autre. Le 25, ses eaux se
sont éleuées jusqu'à la troisième marche du sanc-
tuaire, et dans le cloistre jusque au dessus des
pierres d'appuy; en même temps tout nostre clos

estoit inondé, on ne pouuoit sortir de la maison qu'auec un petit bateau et on en auoit un autre à la porte du jardin qui nous conduisoit jusque au grand portail de la maison de monsieur Oliuier. Le Rhône et la Saone se sont joints en Belle-Cour. La Saone estoit rapide extraordinairement ; car les parapets depuis nostre eglise ont été renuersez aussi bien que le pont de bois de Saint-Jean. Enfin, depuis le 6.e de mars, la Saone (Dieu mercy) a laissé le chemin libre du costé de Belle-Cour, et nous auons commencé à respirer après dix jours d'alarmes et d'effroy. Nos tombeaux n'ont point branslé, et nostre maison n'a point esté endommagée. Dieu soit loüé de tout. »

On lit encore l'inscription suivante, grossièrement gravée dans le bois de la porte de la maison Saint-Antoine, sur le quai de ce nom :

L'EAV EST VENVE A TROIS PIEDS DE HAVT DE CETTE
PORTE LE 23 FÉVRIER 1711.

Le faubourg de la Guillotière fut presque entièrement inondé, et la communication de la ville avec la campagne interrompue par tout autre côté que par la Croix-Rousse et St.-Just.

Les ravages et les pertes causées par cette inondation ont été extraordinaires. Une quantité prodigieuse de marchandises, de denrées, de bois et de blé a été perdue ou gâtée par les eaux.

Tous les éperons ou avant-becs du pont du Rhône ont été submergés, et ceux du Pont-de-Pierre, sur la Saone, enlevés ou endommagés. Le pont Volant de Bellecour, rétabli depuis le grand hiver de 1709, fut emporté ; deux arches de l'ancien pont enlevées, et la maison de l'Arsenal entraînée par le torrent le 1.er de mars, ainsi qu'un grand nombre de maisons particulières, entre autres celle du sieur de Chaponuay, à Bellecour, où était établie la salle de spectacle. Les parapets, le long de la rivière, furent détruits en grande partie, et le pavé des quais et des rues fut ruiné en plusieurs endroits; voilà les désordres publics. Quant aux dommages particuliers, ils furent plus grands encore. Il y eut parmi la classe ouvrière une cessation générale de travail. L'alarme régna dans la ville. Beaucoup de boutiques furent fermées par nécessité. Une perte immense de vins eut lieu dans les caves subitement envahies par l'eau. On fut obligé de faire pomper en plusieurs endroits, non-seulement pour sauver les tonneaux et le peu de vin qui restait, mais pour éviter la corruption des murs et l'infection provenant du long séjour des eaux. Tous les puits furent corrompus, et la ville se vit obligée de ne se servir presque que des fontaines pour ses besoins domestiques.

Nous avons extrait tous ces détails du procès-verbal fait à cette époque à l'Hôtel commun de la ville de Lyon.

1756.

Dans la nuit du 15 au 16 janvier, le Rhône avait tellement crû, qu'il y avait a Villeurbanne de l'eau dans la plupart des habitations jusqu'au premier étage. La fureur du fleuve renversa vingt-cinq maisons et en ruina plusieurs autres. Les habitans, dans ces tristes circonstances, poussaient des cris pour se faire entendre des paroisses voisines et se procurer des bateaux, afin de s'y réfugier avec leurs bestiaux. Le fleuve a séjourné plusieurs jours dans les plaines de cette commune, et l'on s'est ressenti pendant long-temps des dégâts causés par ce débordement.

Les deux rivières se réunirent à la place de Bellecour ; et on posa à la maison de la Valette, aujourd'hui maison Sain, une inscription qui constate cet événement. Voici une des particularités qui le distinguèrent : — Un enfant de deux ans environ, à demi-couché dans un coffre, était devenu le jouet des flots, et allait être infailliblement submergé, lorsque, pour le sauver, des hommes intrépides se portèrent en foule vers le confluent. L'enfant y étant arrivé, l'équilibre que la jonction des deux rivières procure à leurs eaux permit d'arracher à une mort certaine la faible et innocente créature qui, méconnaissant le danger, souriait au milieu des vagues qui la menaçaient.

1767.

Le 6 janvier, le Rhône gela entièrement en face de la rue Puits-Gaillot ; et l'on n'avait pas de souvenir à Lyon de l'avoir vu ainsi. Le peuple, par la singularité de l'événement, s'y précipita pour traverser aux Brotteaux. M. de la Verpillère, alors commandant de la ville, en fut instruit, et comme le froid s'adoucissait, il craignit un dégel subit et la perte de quelques citoyens. Il envoya des gardes pour interdire le passage sur les glaces, et il fit même garder les ports. Environ une heure et demie après cette sage précaution, le dégel arriva subitement ; trois cents personnes dûrent peut-être la vie, dans cette circonstance, à M. de la Verpillère. Tous les bateaux attachés au pont furent fracassés ou entraînés. Un des artifices, appelé *machine à friser*, fut aussi emporté. On craignit pour le pont de la Guillotière, et certainement plusieurs arches auraient été détruites, si heureusement les glaces, à une centaine de toises au-dessus de ce pont, ne se fussent trouvées assez fortes pour former un obstacle. Le Consulat se transporta sur les quais, ordonna les plus prompts secours pour prévenir le départ des glaces arrêtées au-dessus du pont, et les ravages qu'aurait pu faire la *machine à friser* au moment de la débâcle générale. Il fut question d'y mettre le feu, mais ce dernier parti fit craindre pour la ville un incendie, à cause de la force du vent qui régnait alors. Il se trouva des gens assez courageux pour aller mettre en pièces cette charpente au milieu du Rhône, des glaces et des débris de plus de deux cents bateaux. Le Consulat passa la nuit et le jour suivant sur les ports et sur les quais à donner des ordres et à faire travailler.

1773.

M. Guerre mentionne, sous cette date, une inondation sur laquelle nous n'avons pu trouver aucun document; nous avons seulement lu dans le *Mercure de France* du mois de décembre 1772 qu'il y eut dans le Roussillon et le Languedoc des inondations occasionnées par les pluies continuelles.

1783.

Le 15 janvier 1783, une crue de la Saone emporta le pont en pierre dont Perrache avait entrepris la construction à l'extrémité de la chaussée qui porte son nom. Ce monument fut remplacé, en 1789, par un pont de bois construit aux frais de la compagnie et achevé en 1792.

1787.

En 1787, le Rhône s'étendit fort au loin dans la plaine des Brotteaux, emporta des moulins et presque tous les bois de construction qui étaient sur sa rive. Il y avait quatorze ans qu'on ne l'avait pas vu aussi redoutable que dans la crue subite arrivée dans la nuit du 9 de ce mois. Les campagnes voisines furent couvertes d'eau et le faubourg entier de la Guillotière devint un vaste lac.

1789.

Le rigoureux hiver de 1789 gela le Rhône et la Saone. Leur débâcle amena de graves désastres. Celle du Rhône, arrivée le 15 janvier de cette année mémorable, à 5 heures du matin, entraîna la traille des Cordeliers, et brisa presque tous les bateaux qui étaient sur le fleuve. Une manufacture de chocolat et un bateau servant à une manufacture d'indienne furent entraînés sur la chaussée Perrache, et fort endommagés. Une usine à faire des boutons fut également emportée par les eaux et retrouvée ensuite à Tain en meilleur état qu'on n'aurait pu l'espérer. Deux jours après, le 17 du même mois, à midi, la débâcle de la Saone eut lieu. Les glaces se soulevèrent d'abord et après cinq minutes elles commencèrent à couler sous le pont de Serin. Ce pont, qu'on ne se flattait point de pouvoir conserver, ne put résister à leur choc;

la quatrième arche s'ouvrit, et en moins d'une minute le pont fut renversé. On avait pris la veille la précaution d'y attacher des cordages pour le diviser lors de sa chute et faciliter la désunion des pièces de bois qui le composaient. Cette précaution contribua à sauver le pont de Saint-Vincent et celui d'Ainay. Il n'y eut pas d'accidens plus graves ; personne ne périt.

1799.

Cette inondation fut moins élevée de 8 pouces que celle de 1711 (Saonomètre de Mâcon).

1801.

Du 30 au 31 décembre, par l'effet d'un débordement du Rhône, les quais et les rues adjacentes de notre ville, la plaine des Brotteaux et le faubourg de la Guillotière furent inondés. La hauteur des eaux fut telle qu'il n'y en avait pas eu d'exemple depuis 1756.

1805.

Le 4 mars 1805, un débordement extraordinaire de la Saone occasionna de grands ravages sur tout le parcours de cette rivière.

1812.

Dans la nuit du 17 au 18 février, les eaux du Rhône se sont élevées à une hauteur prodigieuse. Les propriétés des habitans de la Guillotière en ont éprouvé des dommages considérables.

1820.

Cette année, après un hiver rigoureux, la Saone gela, et, le 23 janvier, la débâcle des glaces provoqua une inondation (*Moniteur*, pag. 114).

1825.

Le 22 octobre, un débordement du Rhône entraîna quatre arches du pont Morand, et occasionna de grands ravages sur différens points. Cette inondation fut moins élevée de 14 pouces que celle de 1711.

M. Cochard, qui venait de publier, avec le millésime de 1834, le *Guide du voyageur et de l'amateur à Lyon*, s'exprimait ainsi en parlant du pont Morand (p. 78) :

« Sa hardiesse et sa légèreté font l'admiration des connaisseurs. Cependant une preuve que ces qualités n'altèrent en aucune manière sa solidité, c'est qu'en 1789, lors de la débâcle des glaces, il n'éprouva aucune avarie ; aussi l'un des actionnaires, trompé dans ses craintes, fit placer, après le danger, une couronne de laurier au-dessus d'un poteau, avec cette inscription : *Impavidum ferient ruinæ*. »

L'auteur fut obligé de faire un carton pour supprimer cette phrase, qui venait d'être si cruellement démentie.

1830.

Le 9 février, une débâcle de glaces a eu lieu sur le Rhône. Les eaux se sont élevées à une grande hauteur ; elles ont entraîné plusieurs moulins. Deux usines, qui étaient amarrées le long de la chaussée Perrache, ont été emportées et gravement endommagées par un barrage de glaces que les eaux avaient repoussées avec violence. D'autres usines ont eu à subir des avaries plus ou moins considérables.

1836.

Pendant les mois de novembre et de décembre, le Rhône et la Saone ont successivement débordé. La Guillotière a été submergée.

« Tous ces débordemens sont aisés à expliquer, nous dit M. Guerre dans un mémoire judicieux :

« Le Rhône a ses sources dans les plus hautes régions des Alpes. Les fontes subites de neiges et de glaces, les pluies excessives qui arrivent par des affluens sans nombre au centre commun qui leur sert de lit, mais qui ne peut pas toujours les contenir, font de ce fleuve une sorte de torrent, l'un des plus impétueux et des plus redoutables du royaume.

« Parvenu aux confins des départemens de l'Ain et de l'Isère, entre des bords peu élevées, il couvre souvent des plaines immenses qu'il change en plages arides, en îles ou îlots, en *brotteaux*, suivant l'expression consacrée dans nos contrées ; puis, aux approches de Lyon, contenu sur sa rive droite, tantôt par une montagne très escarpée, tantôt par des ouvrages d'art, et franchissant, sur sa rive gauche, les faible digues que la nature et l'art ont pu lui opposer, il se forme, en quelque sorte, un second cours dans les champs désolés des communes de Vaux, de Villeurbanne et de la Guillotière, y interrompt souvent les communications, et menace sans cesse l'existence de cette dernière commune qu'il a détruite plus d'une fois. Le nom de *Brotteaux*, qu'a conservé sa plaine septentrionale, atteste assez les fréquentes visites du fleuve et devrait avertir les esprits inattentifs de ce qu'il peut faire encore. »

Notre ville est menacée d'être tôt ou tard abandonnée par le Rhône ou envahie par ses eaux. Les bancs de sable qui se forment successivement sur sa rive droite tendent sans cesse à ramener ce fleuve dans son ancien lit, au pied des balmes viennoises, ou bien ils le forceront à se creuser un passage sur le territoire des Brotteaux et de la Guillotière. Une fois que son cours aura pris une nouvelle direction, que d'énormes dépenses ne faudra-t-il pas pour l'en faire changer et le ramener où il est ! Le lit de nos rivières, par l'effet des terres végétales, des cailloux et des sables que leurs courans entraînent, par la formation des alluvions, se trouvera un jour forcément déplacé, si on ne se hâte de le maintenir par un vaste endiguement.

LÉON BOITEL.

INONDATION DE 1840.

Avez-vous écouté la sombre prophétie
Qu'un Daniel jetait à l'écho des cités,
Oracle qu'ont flétri du nom de facétie
Les Balthazars d'un siècle ivre de voluptés?

Sur des rocs à fleur d'eau fixant votre paupière,
Avez-vous visité, pèlerin curieux,
La Sibylle du Rhône assise sur la pierre
Qu'un batelier montrait d'un doigt mystérieux?

Eh bien! ces temps prédits par une voix biblique,
Ces maux futurs gravés sur le roc symbolique,
Ils sont venus!... l'oracle enfin s'est accompli...
L'énigme avait un mot dont le sens est rempli,
Et mil huit cent quarante, année aux jours néfastes,
De ses pages de deuil attristera nos fastes.

Novembre, enveloppé d'un manteau de brouillards,
A peine au coin de l'âtre exilait nos vieillards,
Et l'automne, étalant ses graves harmonies,
Dépouillait les coteaux de leurs feuilles jaunies,
Quant tout-à-coup le ciel, vaste nue aux flancs noirs,
Comme une cataracte ouvre ses réservoirs,
Sillonne l'horizon de son immense trombe,
De nos monts sur la plaine avec fracas retombe,
Et de l'humble ruisseau, qu'il transforme en torren
Grossit le fleuve altier qui marche en conquérant.

Tout conspire à la fois: un malfaisant génie
Semble de la Nature insulter l'agonie.
Pour irriter encor l'élément orageux,
Un vent chaud du Jura fond les sommets neigeux;
Le Doubs impétueux déborde ses rivages,
La Reyssouse en fureur promène ses ravages,
Et la Seille et la Veyle aux paisibles roseaux,
Tous servent de cortége au colosse des eaux.

Chacun reste accablé sous l'effroi qui l'oppresse.
Adieu la politique! adieu la jeune presse,
Rêvant une croisade aux cèdres du Liban,
Où Selve par la gloire ennoblit le turban!
Adieu l'hymne de guerre au refrain électrique!

Sur l'échelle du pont, nilomètre historique,
On court, l'œil inquiet, consulter le niveau;
Le fleuve monte encore, il monte de nouveau,
Dépasse la hauteur des plus anciennes crues,
Franchit nos parapets, s'élance dans nos rues,
Envahit l'humble échoppe et le splendide hôtel,
Et souille de ses flots les marbres de l'autel.

Fléau dévastateur, que la mort accompagne,
Il s'étend dans les prés, il couvre la campagne.

Sur ces fertiles bords, des touristes aimés,
Où sont-ils ces hameaux comme des fleurs semés,
Ces sites enchanteurs, ces gracieux villages
Que le saule argenté voilait de ses feuillages?
Cormoranche, Thoissey, Vésine, St.-Romain,
Fleurville dans les airs suspendant un chemin,
Montmerle au vieux clocher, Farges aux maisons blanches,
L'onde a tout balayé: ses jaunes avalanches
Entraînent pêle-mêle arbres, chaumes, lambris,
Récoltes de l'année; et, parmi ces débris,
L'œil, avec épouvante interrogeant l'espace,
Croit distinguer parfois un cadavre qui passe,
Et contempler au loin, dans sa morne terreur,
Le tableau du déluge et ses scènes d'horreur.

Oh! comment dérouler cette affreuse peinture?
Ces champs dont j'admirais l'opulente culture
N'offrent à mes pinceaux que de ternes couleurs.
Partout le désespoir et partout les douleurs!
Le tocsin frappe l'air de ses sons lamentables;
D'affreux mugissemens s'échappent des étables.
Le curé du hameau, bon prêtre au cheveux blancs,
Nuit et jour au milieu des villageois tremblans,
Seul montre un front serein à la foule égarée.
Les uns, prêtant l'oreille à sa voix vénérée,
Se courbent sur la rame, et, guidant leurs bateaux,
Déposent leurs trésors au penchant des coteaux;

Les autres, s'écriant que c'est leur dernière heure,
Que l'Ange de la mort frappe à chaque demeure,
Sous l'ivresse du vin étouffent leur raison,
Tandis que, récitant la pieuse oraison,
Les femmes, sur leur sein pressant un scapulaire,
Invoquent à genoux la Vierge tutélaire
Dont le bras étendu soudain calme les flots
Et dont l'étoile est chère aux pauvres matelots.
Ici, quelques vieillards, étendus sur la paille,
Quand l'eau, comme un bélier, crevasse la muraille,
Immobiles, muets et glacés de stupeur,
Repoussent les secours qu'apporte la vapeur.
Là, sur un toit qui craque, une famille en larmes,
Dont la nuit va bientôt redoubler les alarmes,
Cherche un refuge et voit s'écrouler tour-à-tour
Les villages lointains et les toits d'alentour.

Retracerai-je aussi ma ville consternée,
A travers ses quartiers la Saone déchaînée,
Les barques se croisant dans ses canaux nombreux;
Et, quand tombait des nuits le voile ténébreux,
Les lampions fumans, les torches résineuses
Remplaçant l'hydrogène aux gerbes lumineuses;
Ce silence de mort interrompu parfois
Par le cri des rameurs ou la chute des toits,
Bourgneuf * dont le pisé s'affaisse et croule en poudre
Avec un bruit semblable aux éclats de la foudre?
Citerai-je, parmi ces citoyens zélés,
Phares consolateurs de ces lieux désolés,
Cet élu du pouvoir, providence attentive,
Imprimant aux secours sa vigilance active?
Cet homme généreux ouvrant ses ateliers
Au malheur qui bénit leurs murs hospitaliers?
Ce jeune magistrat que nul péril n'étonne,
Qui rassure, encourage, exhorte, presse, tonne;
Tendant aux uns du pain, aux autres de l'argent?
Et ce peuple aux bras forts, au cœur intelligent,
Admirable foyer de dévouemens sublimes,
De courages obscurs, de vertus anonymes?
Ces mâles porte-faix sous la blouse en lambeaux,
Ces hardis mariniers dans le danger si beaux,

* Faubourg de Mâcon entièrement détruit.

Je les ai vus, luttant sur les vagues grondantes,
A travers les débris, sous les poutres pendantes,
Sauver du malheureux les meubles vermoulus,
La femme bientôt mère et le vieillard perclus;
Et j'ai lu dans leurs yeux presque de la colère,
Quand dans leur main calleuse on glissait un salaire;
Et ces soldats du feu, qui, braves par devoir,
Comme la Salamandre au fabuleux pouvoir,
Eteignent l'incendie en traversant la flamme;
Ils volent où la voix de leurs chefs les réclame,
Par la pluie inondés, chargés de lourds fardeaux,
Improvisant des ponts, des barques, des radeaux,
Sur des murs lézardés montant à l'escalade,
A leur robuste épaule attachant le malade
Ou certaine plaideuse au fol entêtement,
Sous son toit ruineux clouée imprudemment.

Honneur à tous! honneur à leur noble courage!
Quand du démon des eaux s'apaisera la rage,
De ces héros du jour qu'un immortel burin
Lègue à nos fils les noms sur le marbre ou l'airain!
Honneur à la cité qui leur donna naissance!
Que leurs fronts, couronnés par la reconnaissance,
Brillent d'un saint orgueil, et que ce souvenir
D'un reflet glorieux dore notre avenir!

C'est assez; déposons la lyre du poète:
Jamais pour la souffrance elle ne fut muette.
Consoler le malheur et lui tendre la main,
Panser ses pieds meurtris aux cailloux du chemin,
Dans son casque jeter l'obole à Bélisaire,
Au fond d'un bouge infect visiter la misère,
Arracher l'infortune à son obscurité
Et quêter sous l'habit des Sœurs de Charité;
Voilà la mission que la Muse demande,
Où s'inspire son ame et que Dieu lui commande,
Lorsque sur l'Océan des humaines douleurs
S'élève la colombe ou l'arc aux trois couleurs.
Sa voix, qui prêche au seuil de l'égoïsme immonde,
Crie à l'heureux du siècle, à la femme du monde:
« Riche, ouvre tes greniers qui regorgent de grains!
« Femme, de leurs joyaux dépouille les écrins!
« Châtelain, possesseur de la forêt prochaine,
« Permets à l'indigent d'ébrancher le vieux chêne,

« Car plus d'un malheureux, dont le besoin s'accroît,
« Dit aujourd'hui: J'ai faim ! dira demain: J'ai froid !
« Et toi, charmante enfant, papillon des quadrilles,
« Va, quitte sans regrets ces fêtes où tu brilles ;
« Sur ces tristes chevets, mouillés de tant de pleurs,
« De ton bouquet de bal laisse pleuvoir les fleurs!
« Pitié pour l'orphelin et pitié pour la veuve !
« Mesurez votre offrande à la hauteur du fleuve !
« Attachez un bienfait à chacun de vos jours !
« Donnez, donnez encor! donnez, donnez toujours! »

F. BOUCHARD.

Fin.

IMPRIMERIE DE CHASSIPOLLET, A MACON. — 1840.

OUVRAGES DU MÊME AUTEUR.

AIX-EN-SAVOIE et SES ENVIRONS

PENDANT LA SAISON DES EAUX;

Un volume in-8.°, orné de sept planches.

Léon BOITEL, Éditeur, -- LYON. -- Prix, 3 fr. 50 cent.

SOMMAIRES DES CHAPITRES.

CHAPITRE 1er.

Introduction. --- Généralités sur les Eaux. --- Les Grecs, les Romains et leurs thermes. --- Les Baigneurs contemporains. --- Cause de l'affluence si considérable des Baigneurs. -- Opinion des anciens médecins sur l'efficacité des Eaux. --- Tableau des principales Eaux minérales de la France. -- Préférence donnée à Aix. -- Les causes de cette préférence.

II.

Situation d'Aix. --- Moyens de transport pour y arriver. -- De la Navigation du haut Rhône. -- Les Bords du Rhône. L'Auberge de Pierre-Châtel. -- Une Nuit dans un Bateau à vapeur. -- Le Goutteux. --- L'Anglais. -- Arrivée à la Douane.

III.

La Douane considérée généralement. -- La Douane française. La Tabatière à musique. -- Les Douaniers de Groslée. --- L'Antiquaire et ses Assiettes. -- Le Drapeau Tricolore enlevé. -- La Douane savoyarde. --- Les Passe-Ports. -- La jeune Dame de Lyon et son Carabinier. --- La Visite des Effets. --- La Chasse aux Idées. -- La Couverture de laine. --- Les Couverts d'argent. --- Le Canal de Savières. -- Le Lac. -- Le Port de Puër.

IV.

Aix. -- Son origine. -- Epoque de l'année où affluent les Baigneurs. -- Impression que la Ville produit à ceux qui la visitent. -- Prix des Pensions. --- Trois Anglais économes.

Pour paraître prochainement :

MACÉDOINE LITTÉRAIRE, ou Choix

DES FEUILLETONS INÉDITS insérés dans divers Journaux.

Un volume in-12.

—

SOMMAIRE DES ARTICLES.

La Critique. -- Loteries, Concerts et Bals. -- Les Déceptions. -- Héraclite et Démocrite au 19.ᵉ siècle. -- Attentat inouï. -- L'Artiste et le Condamné. -- La Fête des Rois. -- Souvenirs d'un voyage à Mâcon. -- L'Aristocratie de Province. -- Est-ce l'habit qui fait le moine? -- Une Révolution au chef-lieu de Saone et Loire. -- Carack. -- L'Homéopathe en détresse. -- Les Ongles à la mode. -- Les anciennes Diligences et les nouveaux Bateaux à vapeur. -- L'OEuvre inédite d'un grand Ecrivain. -- Le Jour de l'An. -- De l'Esprit. -- Défense de la Pipe et de la Tabatière. -- Feuilletons contre les Feuilletons. -- *Mélanges poétiques.* -- Mes Vœux à Béranger. -- La Guerre d'Afrique. -- Toast au festival de Chalon-S.-S.

Pour paraître incessamment :

ESQUISSE DE MOEURS CONTEM-PORAINES ; — 1 vol. in-12.

—

SOMMAIRE DES ARTICLES.

Les Littérateurs de Province. -- Le Sapeur-Pompier. -- Le Maire de Village. -- Le Facteur de la Poste aux Lettres. -- Le Chef d'Orchestre. -- Le Marinier de la Saone. -- Le Mendiant. -- Le Public. -- L'Homme crédule. -- Les Vendangeurs. -- Les Marchands d'hommes. -- Les Conscrits. -- Le Journaliste de Province. -- Les Prétendans.

Carte
d'une partie du cours
DE LA SAÔNE ET DU RHÔNE
Et des lieux inondés
EN
1840

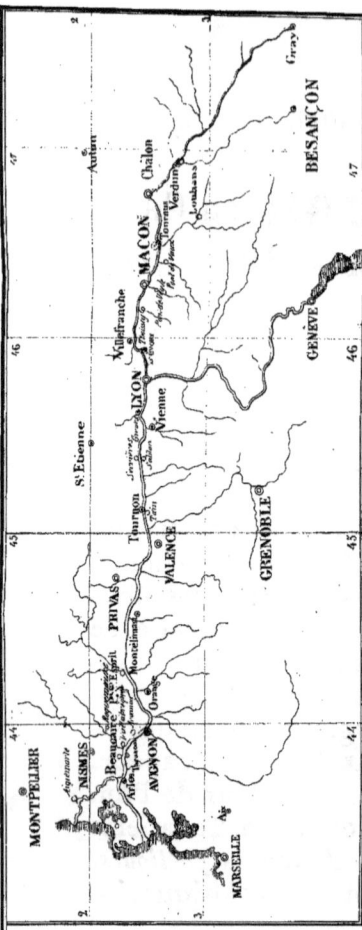

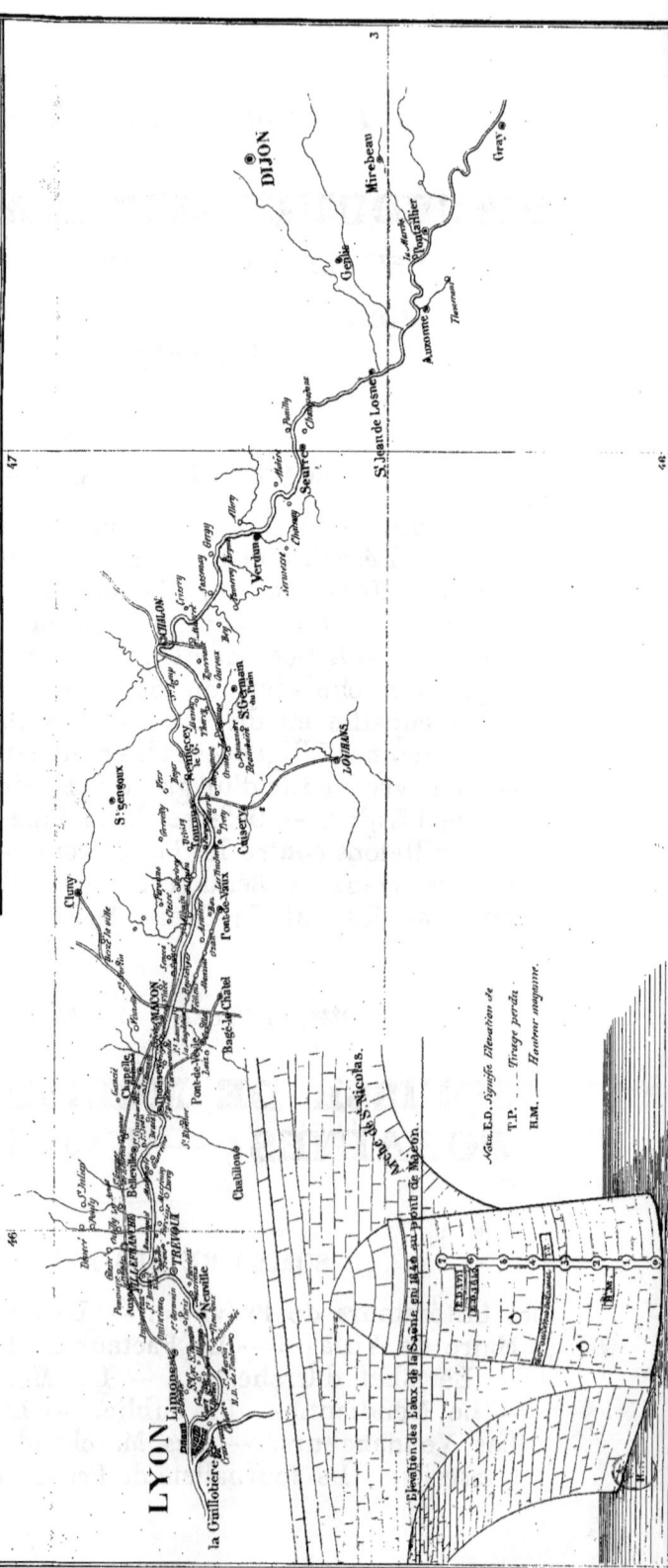

Nota. E.D. Signifie Elévation de
T.P. — — — Tirage perdu
H.M. —— Hauteur maximum.

Elévation des Eaux, de la Saône, en 1840, au pont de Mâcon.